엄마가 보고 싶은 날엔 코티분 뚜껑을 열었다

엄마가 보고 싶은 날엔 코티분 뚜껑을 열었다

초판 1쇄 발행 2023년 4월 20일

지은이 엄명자, 송은주, 엄서영, 황경희, 이윤지, 우정숙, 허필우, 심미경, 박인만
펴낸이 박은정

편집 노준승, 이유주

펴낸곳 어셈블
출판등록 2017년 10월 27일 제25100-2017-000087호
주소 서울특별시 중구 을지로 120 3층. 어써클럽
전화 070-4169-8880
이메일 assemble2018@naver.com

ISBN 979-11-978708-3-5 03810

· 어셈블은 출판전문가그룹 '퍼블루션'의 출판브랜드이자, 출간작가모임 '어써클럽'의 작가와 함께하는 출판사입니다.

· 이 책은 저작권법에 따라 보호받는 저작물이므로 무단 전재와 무단 복제를 금하며, 이 책 내용의 전부 또는 일부를 이용하려면 반드시 저작권자와 어셈블의 서면 동의를 받아야 합니다.

시간이 쌓일수록 다시 맡을 수 없는 것들

엄마가 보고 싶은 날엔
코티분 뚜껑을 열었다

엄명자 송은주 엄서영 황경희 이윤지 우정숙 허필우 심미경 박인만

어셈블

여는 말

프랑스 작가 마르셀 프루스트는 홍차와 마들렌 냄새를 맡는 순간, 마치 어린 시절의 한가운데로 돌아간 것처럼 당시를 생생하게 회상하는 경험을 했고, 그 일을 토대로 대하소설 『잃어버린 시간을 찾아서』를 썼습니다. 특정한 냄새를 통해 무의식 속에 있었던 기억이 되살아나는 경험은 많은 이의 공감을 받았고, '프루스트 현상'이라는 이름을 갖게 되었죠.

인간의 오감 중 가장 강렬한 감각은 후각입니다. 후각 즉, 냄새에 우리는 단순한 감각 이상의 무엇을 담아 간직하기 때문인데요. 냄새를 맡을 수 없더라도 그 냄새와 연관된 경험이나 기억이 있다면, 우리는 냄새를 상기하는 것만으로도 지나간 감정이나 기분을 느낄 수 있습니다. 우연히 비슷한 향을 스치듯 맡는 것만으로도 다른 시간, 다른 공간에 있는 기분이 들고 향수에 젖는 건 비단 어느 한 사람만의 이야기가 아닙니다.

어릴 적 비 오는 날 시골 할머니 집 처마에서 맡았던 젖은 흙냄새, 노을이 지면 골목을 가득 채우던 구수하고 따뜻한 밥 냄새, 한복을 곱게 차려입은 낯선 엄마에게서 나던 코티분 냄새……. 이제 다시 맡기 힘들어진, 추억 속에만 남은 가슴 저미도록 그리운 냄새.

『엄마가 보고 싶은 날엔 코티분 뚜껑을 열었다』에는 아홉 작가가 각자의 기억 속 어딘가에 묻어두었던, 사무치도록 그리운 냄새 이야기가 담겨 있습니다. 떠올리는 것만으로도 가슴이 먹먹해지는 추억의 냄새, 다시는 맡기 어려워진 그리움의 냄새. 여러분은 어떤 그리움의 냄새를 갖고 있나요? 잠시 눈을 감고 그 냄새를 떠올려 보세요. 그동안 바쁘다는 핑계로 잊고 살았던 소중한 무언가가 떠오를 거예요.

목차

사랑한다는 말 대신   009
· 엄명자

이제 굳이 골래 된장찌개가 아니어도   029
· 송은주

엄마가 보고 싶은 날엔 코티분 뚜껑을 열었다   055
· 엄서영

이렇게 해서라도 흙을 밟아야겠습니다   075
· 황경희

할머니의 정원에는 봉숭아가 피었습니다   099
· 이윤지

아플 때만이라도 내게 밥을 해주면 좋겠어   121
· 우정숙

아들, 밥 먹었어?   147
· 허필우

골목 어귀에서 밥 냄새가 날 때면   161
· 심미경

장지갑을 꺼내며   183
· 박인만

사랑한다는 말 대신

엄명자 작가

36년 차 초등교육 현장 전문가로 현직 교장이자 두 딸의 엄마.
배우고 성장하고 나누는 삶을 살고 있습니다.
저서 〈초등 엄마 거리두기 법칙〉

"민아, 남은 음식 어떻게 할까? 그릇에 담아 냉장고에 넣을까?"

커다란 타원형의 일회용 플라스틱 통에 반쯤 남은 고등어조림을 들고 엉거주춤하게 서서 큰딸에게 물었다.

"아니, 그냥 버려. 우린 집에서 밥 안 먹어."
"아, 아까운데……."

가끔 볼일이 있어 서울에 사는 딸들 집에 가면 외식을 하거나 배달 음식을 시켜 먹는다. 예전에는 딸들 집에서 내가 밥도 하고 찌개도 끓여 상을 차렸지만, 시간이 지나면서 나도 달라졌다. 오랫동안 자신의 방식으로 살아온 딸들의 살림살이에 끼어들고 싶지 않고, 무엇보다 요리하려면 재료며 양념이며 준비하는 것이 내 집처럼 쉽지 않다.

딸들은 밥을 거의 해 먹지 않는다. 그러니 딸들 집에서 자연스럽게 밥 냄새가 사라졌다. 작은딸 제니는 다이어트를 위해서 닭 가슴살에 샐러드만 먹은 지 오래되었다. 제니를 보면 어떻게 저렇게 닭 가슴살만 먹고 살 수 있는지 의아하다. 큰딸 민이도 별반 다르지 않다. 점심은 회사에서 먹고, 저녁은 샐러드나 샌드위치같이 간단한 음식을 먹는다.

나보고 딸들처럼 먹고 살라고 하면 고개를 절레절레

흔들 것이다. 나는 한 끼를 먹어도 속을 확 풀어줄 수 있는 뜨끈한 국물에 갓 지은 밥을 먹어야 영혼이 꽉 채워지는 느낌이 든다. 칭얼대는 아이같이 허기진 속은 닭 가슴살이나 샐러드, 인스턴트식품으로는 달래지지 않는다. 과자나 빵을 다무리 먹어도 끝내 밥 한 숟가락에 김치 한 점 먹어야 속이 찬다.

딸들이 어떻게 생각하건 나는 딸들 집에 밥 냄새가 나지 않는 것이 안타깝다. 밥을 지을 때 나는 구수한 밥 냄새와 국을 끓일 때 나는 뭉근한 냄새, 튀기고 볶을 때 나는 고소하고 달콤한 양념 냄새는 엄마 품처럼 따뜻한 사랑을 전해주고 세상에 지친 사람들의 영혼을 달래준다고 여기기 때문이다. 나는 맛깔스러운 반찬을 하거나 특별한 요리를 할 때, 딸들 생각이 많이 난다. 순간이동을 할 수 있다면 딸들에게 이 음식들을 보내고 싶어진다.

딸들이 독립하기 전, 우리 집은 늘 음식 냄새로 가득

했다.

"애들아, 오늘은 제육볶음 했어."
"오늘은 제니가 제일 좋아하는 떡볶이 했어."

어떨 땐 메뉴를 말해주지 않아도 딸들은 이미 음식 냄새로 메뉴를 눈치채고는 주방으로 모여들었다. 여느 엄마가 그렇듯 나도 가족들에게 건강하고 맛난 음식을 먹이려고 애를 많이 썼다. 낮엔 교사로 밤엔 대학원 학생으로 바삐 지낼 때도 밥은 꼭 해주었다. 논문을 쓰다가 새벽 두세 시에 짬을 내서 밥을 짓고 국을 끓이기도 했다. 내가 바쁘다는 핑계로 가족들을 굶기고 싶지는 않았다. 배가 고픈데 밥이 없을 때의 그 허전함을 나는 잘 안다. 마치 돌아갈 집이 없는 것처럼 마음의 허기가 같이 찾아온다는 것을.

딸들이 떠나고 남편과 둘만 남은 우리 집이지만 저녁

이면 언제나 음식 냄새가 난다. 나는 퇴근하면 옷을 갈아입고 곧장 주방으로 향한다. 남편이 돌아오는 그 시간에 딱 맞추어 따뜻하고 닷깔스러운 밥상을 내기 위해서다. 가장 먼저 쌀을 불리고 육수를 우려낸다. 쌀도 아무 쌀이나 사지 않고 지인이 직접 농사지은 유기농 햅쌀을 고수한다. 봄철부터 수집하듯이 사 모은 갖가지 콩과 찹쌀을 조금 섞어 지어낸 밥은 윤기가 자르르 나고 입에 착 감길 정도로 고소하고 맛있다.

국이나 찌개가 맛있으려면 육수를 잘 우려내야 한다. 내가 육수를 끓일 때 가장 공을 들이는 재료는 바로, 새우다. 보리새우, 생새우, 냉동 새우 중 한 가지와 굵은 멸치, 마른 명태, 표고버섯 등을 넣고 푹 끓여내면 조미료를 넣지 않아도 깊은 맛이 나고 맛있다. 육수가 준비되면 메인 재료에 따라 고디국, 쇠고깃국, 된장찌개, 김치찌개, 고등어조림 등이 탄생한다. 뭐니 뭐니 해도 음식이 맛있으려면 기본 장류가 맛있어야 한다. 그래서 나는 국간장,

젓갈 간장, 양파 간장, 된장, 고추장 등을 손맛 좋기로 유명한 지인이 담근 것을 공수해 쟁여놓는다. 그러면 산나물, 시금치, 미나리 등 제철에 나는 나물을 아주 먹음직스럽게 무쳐낼 수가 있다.

나에게 밥은 가족을 존중하는 소통방식이고, 최선을 다해 사랑하는 표현방식이다.

"여보, 사랑해."
"보고 싶었어."

이런 말은 낯간지러워 못 한다. 유머도 애교도 부족한 나는 그저 묵묵하게 뜨끈한 국물과 맛있는 반찬, 윤기 나는 밥으로 마음을 대신한다.

"맛있어?"
"뭐 더 필요한 건 없어?"

이 말속에 바깥에서 힘든 시간을 보내다 돌아온 가족에 대한 위로와 따뜻한 마음을 숨겨놓는다. 그래서인지 아무리 지치고 힘들어도 밥을 못 하겠다는 말은 잘 하지 않는다.

결혼하고 얼마 되지 않은 30대 초반. 부부싸움을 크게 했다. 술 먹고 늦게 들어오는 것이 못마땅한 나와, 사사건건 간섭하는 내가 숨 막힌다는 남편과의 간극이 벌어지기 시작한 것이다. 부부싸움을 하고 나면 남편이 한없이 밉고, 이 세상에서 삶의 이유가 다 사라진 것처럼 절망적인 마음이 든다. 밥을 해주고 싶은 마음은 손톱만큼도 없었다. 그래서 며칠을 말도 안 하고 밥도 해주지 않았다. 그런데 남편은 우리가 싸운 이유는 잊은 채 밥을 해주지 않은 것만을 두고두고 원망했다.

"밥도 안 해주고, 밥도 안 해주고……."

그때 나는 알게 되었다. '아! 이 사람은 밥에 진심인 사람이구나! 밥을 못 먹으면 너무 서럽고 공허한 사람이구나!' 그 이후로 나는 아무리 심하게 부부싸움을 해도 밥은 꼭 해주었다. 서로 토라져서 말은 하지 않아도 식탁에 밥을 차려놓았고, 또 남편은 그 밥을 먹곤 했다. 그러다 보면 이상하리만큼 회복의 시간도 빨라졌다. 저녁엔 또 그냥 아무 일 없었다는 듯이 평상시처럼 이야기하고 싸운 것을 잊어버렸다.

솔직히 내가 이렇게 밥을 진심으로 차리는 데는 시어머니 덕도 있다. 시어머니는 살림에 대한 지혜가 남다르고 손맛이 좋은 분이셨다. 솜씨 좋은 시어머니 덕분에 시누이 다섯이 요리도 잘하고 손끝이 야무져서 옷도 만들어 입을 정도였다. 이런 시어머니 댁에서 6개월을 함께 살았다. 남편의 갑작스러운 인사이동으로 주말부부를 하다가 급하게 시댁으로 들어갔다. 처음엔 나도 문경 신혼집에서 상주로 출퇴근을 하고, 남편은 대구의 시댁에서 직장을 다니며 주말부부를 했는데, 헤어져 사는 것이 슬퍼서 그냥 무모한 결심을 한 것이다. 어떨 땐 남편이 너무 보고 싶어서 이제 막 6개월이 지난 어린 딸을 친정 엄마에게 맡기고, 상주에서 대구로 남편을 만나러 가기도 했다.

  오로지 남편과 함께 살고 싶어 시댁으로 들어간 나의 하루는 고달픔의 연속이었다. 초등교사였던 나는 아침 여섯 시쯤 집을 나서서 북부 정류장에서 6시 35분 버스를 타고 상주에 내려서 동료 선생님의 차를 얻어 타고 다시 학교까지 가면 겨우 8시 30분 출근 시간을 맞출 수 있었다. 숨이 끌딱꼴딱 넘어갈 정도로 몸이 힘들고 고달픈 시기였다. 거기다가 어린 딸이 밤에 깨서 울면 너무 괴로워서 울고 싶었다.

  그렇게 힘든 나날을 지탱하게 해준 이가 바로 시어머니였다. 새벽에 눈을 떠서 정신을 차려보면 어김없이 주방에서 음식 냄새가 났다. 된장찌개, 북엇국, 쇠고깃국, 배추 시래깃국 등 날마다 속을 달래주는 국 냄새에 갓 지은 밥 냄새가 내게 힘을 주었다. 시어머니는 미리 준비해 놓은 밑반찬에 매일 이렇게 정성 가득한 밥을 해주셨다. 새벽 여섯 시에 집을 나서는 막내아들과 며느리를 위해서 밥을 해주시던 그 모습을 잊을 수가 없다.

그래서인지 나의 밥상은 시어머니의 밥상을 닮았다. 시댁에서 6개월을 살고 아주 가까운 거리로 분가를 했다. 출퇴근이 좀 편한 곳으로 전근도 갔다. 음식을 하다가 궁금한 점이 있으면 자주 시어머니께 전화를 걸었다.

"시금치는 어떻게 삶아요? 갈비찜은 어떻게 해요?"

시시콜콜 질문하는 막내며느리에게 어머님은 요리선생님이 되어주셨고, 조금씩 나의 음식 솜씨도 좋아졌다.

시어머니가 파킨슨병으로 세상을 떠나고, 남편은 더 이상 김장 김치를 담가줄 사람이 없는 것을 무척 슬퍼했다.

"우린 저렇게 김장 김치를 가지러 갈 데가 없네."

김장철이 되어 김치 통을 옮기는 이웃 사람을 보고는 애달파졌다. 그래서 처음 몇 년은 솜씨 좋은 시누이 집에 가서 김장을 했다. 대구에서 포항까지 매번 가려니 힘들기도 하고 시간 맞추기도 힘들어서 어느 해부터 내가 직접 하게 되었다. 손위 동서가 김치 담그는 법을 전수해준 뒤로 김치를 손쉽게 담그게 되었다. 벌써 김장한 지 10년이 다 되어 간다. 남편이 아니었다면 아마 나도 지금쯤 김치를 담그지 않고 필요할 때마다 조금씩 사 먹었을 것이다. 나는 내가 먹으려고 이것저것 장만하는 사람이 아니다. 혼자 있으면 그저 계란 후라이 하나에 김치 한 쪽으로 해결하는 사람이다.

어느 날 나는 남편이 밥에 진심인 이유가 궁금해서 물어보았다.

"어렸을 땐 집이 어려워서 제대로 못 먹고 컸어. 잘사는 친구들이 쇠고기 장조림에 소시지 반찬으로 도시락을 싸 왔는데 얼마나 부러웠는지 몰라. 그래도 학교 갔다가 집에 오면 솜씨 좋은 엄마가 끓여 놓은 된장국 냄새가 나서 푸근하고 좋았지. 한 날은 편찮으신 아버지 드리려고 쇠고깃국을 끓였는데, 다른 형제 몰래 맛보라고 하셔서 '아, 엄마가 나를 사랑하시는구나!'라고 느꼈어."

남편의 이야기를 듣고 집밥에 대한 남다른 애착을 느낄 수 있었다. 나는 한 번도 생각해보지 못한 것이다. 이후로 나는 남편의 이런 마음을 보듬어주고 싶었다. 그래서 언제든 집에서 밥을 먹을 수 있도록 준비를 해두었다. 보온밥통에 밥을 넣어두고, 국이나 찌개도 끓여 놓는다. 또 언제든 쉽게 요리를 할 수 있도록 냉동실에는 고기와 생선을, 냉장고에는 신선한 식재료를 사 놓는다.

"날씨가 찬데, 도시락을 싸야 할까요?"
"응, 날씨가 차도 등산은 도시락을 먹는 즐거움이 최고지."

주말마다 등산을 가는 남편을 위해 나는 도시락에도 진심을 담는다. 이왕이면 함께 가는 친구들 몫까지 양을 많이 준비해서 보낸다. 컨디션이 좋을 때는 수육을 하기도 하고, 포항에서 주문한 문어 숙회를 싸기도 하고, 제육볶음, 된장찌개, 고디국 할 것 없이 최선을 다해서 싼다.

어떨 땐 갖가지 생채소와 양념된 쌈장을 준비하기도 하고, 체력이 좀 달릴 때는 손쉬운 계란말이, 햄 등을 넣기도 한다. 과일도 철마다 다르게 준비를 하고 핸드 드립한 커피를 보온병에 넣어주기도 한다.

사랑한다는 말 대신

내가 이렇게 남편의 밥에 진심인 이유는 사랑하는 가족과의 이별이 갑자기 닥칠지 모른다는 불안감 때문이기도 하다. 그래서인지 매 순간에 최선을 다하고, 마지막인 것처럼 행동할 때도 있다.

우리 부부는 아침 출근길에 가볍게 포옹을 하며 인사를 나눈다.

"잘 다녀와요!"

잠자리 들기 전에도 안아주며 말한다.

"잘 자요!"

나는 친정아버지를 스물여섯에 교통사고로 잃었다. 아버지 나이 마흔일곱이었다. 초등교사로 발령을 받고 근무한 지 2년 차 되던 해 어린이날 전날이었다.

청송에 근무하던 나는 연휴를 맞아 문경 집에 갔는데, 집은 텅 비어 있었고, 이웃 아주머니가 빨리 병원에 가보라고 했다. 내가 도착했을 때 아버지는 숨을 거두신 뒤였다. 나도 모르게 아버지의 종아리를 쓰다듬었다. 반들반들하고 하얀 다리에 아직 온기가 남아 있었다. 용기가 나지 않아서 못 본 건지 아니면 너무 오래되어 그런지 아버지의 마지막 얼굴은 기억이 나지 않는다.

아버지가 돌아가시고, 엄마는 24년을 더 사셨다. 갑작스럽게 대장암 선고를 받고 병원에 계신 지 한 달 반 만에 돌아가셨다. 병세가 악화되자 교사로 근무하던 학교에 연가를 내고 일주일 동안 대전에 있는 대학병원에서 엄마 간호를 할 수 있었다.

"엄마, 많이 아파?"

여쭈어보면 엄마는 늘 웃는 얼굴로 말씀하셨다.

"난 괜찮다."

의사는 암이 전신으로 전이되어 가망이 없다고 했다. 하루하루 병세가 악화되어 대소변을 받아내야 할 정도가 되었다. 병원에서도 마지막을 준비할 때가 되었다고 했다. 동생들과 협의를 해서 엄마가 돌아가시면 모실 곳도 마련했다. 학교와 약속한 일주일이 지나고 대구 집으로 돌아올 시간이 되었다.

"엄마, 나 학교 출근해야 해서 갔다가 다음 주에 또 올게."

엄마의 눈을 쳐다보며 말했다. 엄마는 말할 기운이 없어서인지 그냥 간절한 눈빛으로만 나를 배웅했다. 멀리서 봐도 눈가가 촉촉해 보였다.

'그래. 잘 가. 우리 큰딸, 사랑한다!'

'엄마, 아프지 말고 잘 지내고 있어요!'

우리는 말없이 마음의 대화를 주고받았다.

그렇게 대구 집에 도착해서 하룻밤을 잤는데, 새벽에 남동생에게서 전화가 왔다. 엄마가 돌아가셨단다. 상태가 좋지 않은 것을 듣고 있었지만, 그날의 간절한 눈빛이 엄마와 주고받은 마지막 대화가 될 줄은 몰랐다.

그 이후로 사랑하는 사람과 언제 어떻게 이별할지 모르니, 후회하지 않도록 순간순간 최선을 다해 살고, 늘 마지막인 것처럼 가족에게 사랑을 표현하게 되었다. 내가 힘들어도 귀찮아도 부부싸움을 해도 남편이 좋아하는 밥을 하는 이유는 사랑이 깃든 고생이 오히려 나를 행복하게 하는 힘이 되어주기 때문이다.

자칫 공허하거나 서글퍼지기 쉬운 가족의 마음도 구수

하고 고소하고 달콤한 밥 냄새로 채워주고, 따뜻한 사랑을 표현하면서, 언젠가 우리가 어쩔 수 없이 헤어지는 순간이 오더라도 '그래, 최선을 다해 노력하고 온 마음을 다해 사랑을 표현할 수 있어서 참 다행이야!'라고 말할 수 있길 바란다.

오늘도 슬슬 퇴근 시간이 다가오면 나는 남편에게 문자를 보낸다.

"저녁은 집에서 먹나요? 먹고 싶은 반찬 없어요?"
"오늘은 날씨가 너무 차니 돼지고기 넣고 김치찌개 끓일게요. 이따가 봐요."

이제 굳이 달래 된장찌개가 아니어도

송은주 작가

쓰고, 그리고, 아이들을 만나는 창작 N잡러.
동화, 동시, 고요한 카페 그리고 아이들과 노는 것을 좋아합니다.
저서 〈나는 87년생 초등교사입니다〉, 〈1학년이니까 할 수 있어요〉

남편과 연애를 시작한 지 두 달 만에 나는 그를 집에 초대해서 직접 요리해주었다. 그날 메뉴는 달래 된장찌개와 맛살을 가운데 넣어 모양을 예쁘게 낸 달걀말이와 밑반찬이었다. 달걀말이가 은근히 정성과 손이 많이 가는데 맛살까지 넣어서 예쁘게 말았으니 얼마나 애썼겠는가. 된장찌개도 육수 내고 된장을 체에 걸러 곱게 풀고 온갖 채소 넣고 달래까지 꼼꼼히 다듬어 넣은 음식이니 남편의 기다림과 기대도 컸을 테다. 한 입 먹어보더니 남편이 말했다.

"결혼하고 싶다."

흙내 같은 달래 향이 참 푸근했던 4월이었다.

"오늘은 뭐 먹어?"

그로부터 8년 하고도 반이 지난 2022년 11월. 나는 오늘도 카페에서 남편에게 전화로 묻는다. 결혼하면 모양 예쁘게 낸 반찬과 풍미 가득한 요리를 해 먹을 줄 알았던 기대는 나도 남편도 겸손하게 내려놓은 지 오래다. 오늘도 작업하느라 늦게 들어가는 미안한 마음을 전화 한 통에 담아 보낸다.

오늘은 뭘 먹느냐는 질문은 사실 뻔하다. 뭘 먹을지가 이미 보이고, 전화 받는 사람도 이 사람이 왜 전화했는지가 빤히 보인다. 지금 당장 직접 요리해서 함께할 수 없으니 마음이라도 보낸다는 자기 위안임을, 나도 알고 남편도 안다.

"햄버거."

역시. 핸드폰 너머로 예상했던 대답이 돌아왔다. 나는 그냥 고개를 끄덕이며 남편도 예상했을 말로 전화를 마친다.

"그려. 맛있게 먹고 아들이랑 둘이 잘 쉬고 있어. 고마워."

고맙다는 말은 진심이다. 많은 의미가 담겨 있는 말이다. 작가인 나에게 글 쓰는 시간은 일하는 시간이기도 하지만 나는 글 쓰며 위안받는 사람이기에, 길이자 취미를 즐기는 시간을 보낼 수 있어 만족하고 배려에 감사하다는 뜻이다. 아들은 유치원에서, 남편과 나는 각자의 일터에서 일과를 마치고 함께 저녁을 먹을 시간에 혼자 밖에서 시간을 보내고 있으니 약간은 적적할 식구들의 마음을 알고 있다는 뜻이기도 하다. 미안하지 않으나 미안한 오묘한 감정이 드는 저녁이면 고맙다는 말밖에는 할 말이 없다.

남편과 아들이 둘이서 끼니를 때울 때는 조리하기 편한 육류 음식을 먹을 때가 많다. 기름기 많은 삼겹살이나 에어프라이어에 튀긴 냉동식품, 고기가 두툼하고 바삭한 배달 돈가스, 갓 튀겨서 드라이브 스루로 받은 너겟, 배달앱으로 주문한 달달 바삭한 치킨이 주메뉴다. 튀긴 음식 특유의 기름진 풍미를 좋아하기도 하지만 무엇보다 기름에 요리한 음식은 간단하고 빠르기 때문이다.

이렇게 두 남자가 알아서 챙겨 먹는 밥에는 기름 냄새가 배어 있다. 기름기 많은 음식을 먹으며 기름이 산화된 공기를 삼켜 뱃속이 허하지는 않을까, 나 혼자 안쓰러워할 때가 있다. 오늘은 햄버거를 먹는다니 그나마 고기,

빵, 채소가 고루 들어간 메뉴라 다행이라는 생각도 든다.

워킹맘이자 작가 생활을 하는 나는 퇴근 후에 카페나 그림 스튜디오에서 작업한다. 화요일은 고정이고 주 3회 이상 귀가가 늦다 보니 집에서 내가 요리를 하는 날은 일주일에 하루 이틀 정도밖에 되지 않는다. 지방에서 올라와 혼자 객지 생활을 하던 총각 시절의 남편이 내가 해준 달래 된장찌개를 먹었을 때는 아마도 아내가 이렇게 바쁘게 살리라는 건 예상하지 못했으리라.

한 주를 또 그럭저럭 살아내었고 벌써 날짜가 이리되었나 하는 삶을 살다 보면 문득 집에서 밥 짓고 끓이느라 분주하게 움직이는 세 식구만의 시간이 아득하게 느껴질 때가 있다. 어쩌다 보면 달래 된장찌개 한번 끓여 먹어보지 못하고 봄을 보낼 때도 있다. 가끔 식당에서 달래가 들어간 장이나 음식을 마주해서 그 흙내음이 삼삼하게 느껴질 때, 달래 된장찌개로 시작된, 식구 되자던 그 봄이 떠오르곤 한다. 그래서 아들은 가끔 내가 요리하는 저녁에는 그리도 신이 나나 보다.

"엄마, 여기 소금 넣을까? 소금 넣을 때 꼭, 꼭 나한테 부탁해야 해!"

"시켜야 해"도 아니고 "부탁해야 해"라고 명령하는 아들은 요리하는 중에도 말을 많이 하고 먹으면서도 입을 쉬지 못한다.

퇴근하고 돌아오니 저녁 먹을 시간이라 부랴부랴 제육볶음을 했던 어느 날이었다. 요리를 자주 하지 않으니 요리 실력이 썩 좋지 않은 편이지만 귀찮아서 레시피도 안 보고 눈대중, 손맛으로 할 때가 많다. 그날 제육볶음도 전에 사둔 돼지고기 앞다릿살로 만들기 쉬운 한 그릇 음식을 하려다 당첨된 요리였다. 그래도 자취 5년, 결혼 생활 7년의 내공은 있어서 마늘을 볶고 파기름만 잘 내어도 먹을 만하다는 믿는 구석이 있다. 파기름 내는 파라고 해봐야 세로로 썰기만 잘해도 모양새가 나니 야심 차게 칼질했다. 파도 흰 밑동을 쓱쓱 자르다가 파즙이 튀거나 향이 센 때는 양파처럼 눈물이 찔끔 날 정도로 매운 냄새가 난다. 이따가 쓸 양파도 썰어놓으려고 칼질하다 보면 정말 눈물이 나서 혼자 시린 눈을 찌푸리고 코와 입으로 숨을 하하 들이 내쉬느라 바쁘다.

"엄마, 나도 자를래! 나도, 나도!"
"아유, 됐어. 위험해. 엄마 혼자 할래."

주방에서 뭔가가 이루어지는 광경이 귀해서인지, 아들은 영락없이 덤벼든다. 무슨 방앗간에서 참새 쫓듯 휘이 휘이 손을 내젓지만, 참 귀찮고도 귀여운 참새인지라 결말은 정해져 있다. 어느덧 아들을 뒤에서 안고 작은 손을 잡아 둘이 같이 칼질한다.

기름을 두르고 흰 밑동 부분을 세로로 썬 파를 넣고 한참 파기름을 낸다. 파기름 낼 때 주의할 점은 파를 어설프게 볶아놓으면 오히려 풋내가 비릿하게 난다는 점이다. 아주 푹 익어서 진하고 깊은 파 냄새가 날 때까지 달달 볶아 주어야 한다.

이제 고기를 넣을 차례. 인터넷에서나 TV 요리 프로그램에서나 요리 고수들은 고기를 쓰기 전에 꼭 불필요한 핏물을 제거하던데 나는 그런 과정은 다 건너뛰고 랩을 방금 까뒤집은 고깃덩이를 프라이팬에 바로 투하한다. 고기를 포장해놓았던 스티로폼 접시를 뒤집어 고기를 쏟다 보니 고기 밑에 딱 붙어 있던 핏물 패드가 같이 프라이팬 위에 엎어진다.

"으악! 피!"

처음 보는 것도 아닌데 아들은 질색팔색을 한다. 그때 훅 끼치는 피 냄새는 다행히 고기 지방이 기름과 만날 때

올라오는 고소한 냄새에 금세 감춰져 버린다. 파기름에 고기를 볶을 때는 TV에서 본 비장의 기술을 써보아야 할 차례. 설탕 한 숟갈 넣어 볶으면 감칠맛은 올라오고 비린내는 잡힌다니 설탕을 뿌려야만 한다. 이때는 아까 꼭 자신에게 맡기라고 했던 아들에게 설탕 뿌리기를 부탁해야 한다.

"자, 이거 솔솔 뿌려봐. 한군데에 뭉치지 않게."
"응!"

걱정하지 말라며 당차게 대답하는 보조개가 쏙 들어간다. 물줄 모르고 달려드는 뽀얗고 통통한 손이 어디 한 군데 잘못 닿아 데일까 노심초사하며 어설프게 설탕 뿌리기를 완료한다 그러면 달궈진 프라이팬에 흑설탕이 녹으며 달고나 냄새가 살짝 나다가 조금 더 달짝지근하고 풍성한 파 고기 냄새가 된다. 엄청난 일을 해냈다며 뿌듯해하는 아들의 미소가 더해져 음식은 더 맛있어진다.

 간장, 고춧가루, 미림, 생강청을 대강 눈대중으로 푸고 섞어서 한 사발 만들어 놓으면 빨간 고명이 올라간 사약 같다. 그걸 옆에 끌어다 놓고 통마늘을 한 주먹 대충 꺼내서 흐르는 물에 후루룩 씻는다. 통마늘을 도마에 한 알씩 올려놓고 칼손잡이 끝으로 탕탕탕 으깨어 참참 모아 양념 사발에 툭 던져 넣고 마구마구 젓는다. 이 얼렁뚱땅 양념을 아까 프라이팬에서 볶던 고기에 쏟아붓고 볶으면 제법 모양과 맛이 나는 제육볶음이 된다. 이 과정을 대충, 얼렁뚱땅이라 소개했지만 근래 내가 하는 행위 중 가장 복잡하고 손이 많이 가는 행위이다.

 거실에서 팽이 놀이를 하며 요리 완성을 기다리던 아들이 턱을 치켜들고 고개를 천천히 좌우로 흔들며 말한다.

"엄마, 냄새 좋다. 지금 만드는 게 뭐야?"
"제육볶음."
"나 이제부터 제육볶음 좋아할 거야."

나는 굳이 "먹어보지도 않고 좋아할 거야?"라고 묻지 않는다. 성경에서 보지 않고도 믿는 자는 행복하다고 했듯 먹어보지도 않고 충성을 다짐하는 일곱 살 아들의 조진 애정에는 나름대로 행복한 이유가 있음을 알기 때문이다.

이 한 그릇을 만들기 위해 차곡차곡 쌓은 손길, 파에서 우러나 고기로 스며든 새로운 합일이 자아낸 조화, 불 쓰는 요리를 해서 집안을 가득 채운 더운 공기의 푸근함, 저녁 이 시간에 집에 없을 때도 있는 엄마가 요리하고 있다는 안정감의 맛, 그 재료를 넣네, 마네 하며 잔소리하는 애정 담긴 소통. 이 모든 과정에 아들은 이미 반해버렸다.

나도 그 느낌을 안다. 엄마가 좁은 주방에서 저녁을 차릴 때 어떤 음식을 하고 있나 기웃거리다 나도 달걀을 깨어 넣겠다며 고집을 부리다가 쫓겨나고도 주방 문턱을 오르락내리락했던, 그 설렘을 기억한다.

...

어릴 적, 부모님은 첫째 딸인 내 이름을 딴 은주슈퍼를 하셨다. 대전 조용한 주택가 한 모퉁이에 있는 구멍가게에는 동생까지 네 식구가 누우면 꽉 차는 방과 그 방만 한 가게, 그 뒤에 한 사람 겨우 들어가서 서 있을 수 있는 주방이 있었다. 말이 주방이지 싱크대도 하나 제대로 안 갖춰져 있고 타일도 없는, 그냥 돌바닥, 돌벽으로 된 수돗가였다.

30년 전 기억인데도 그 구조가 분명히 기억날 만큼 엄마가 거기 서서 요리하는 모습을 많이 보기도 했고 뻔질

나게 드나들기도 했다. 종종 만화에는 주인공이 냄새를 따라 코를 킁킁거리며 훨훨 날아가는 장면이 나오는데, 나도 엄마가 요리하실 때는 그 냄새에 코가 걸린 물고기처럼 주방으로 이끌려갔다.

엄마가 해주셨던 음식 중에 특히 된장찌개가 기억난다. 요즘 쓰는 것처럼 세련되지 않고 커다랗고 투박한 가스레인지에 크지 않은 뚝배기가 올라가면 아래에서 올라온 불꽃이 뚝배기 벽을 다 감쌌다. 그 안에서 보글보글 된장 물이 끓어오르면 두부와 애호박에는 된장의 짠맛이 배었다. 그 두부를 먹으면 이상하게 된장의 꼬릿한 짠맛은 없고 간간하면서도 구수한 맛이 느껴져서 신기했다. 보들보들한 두부만 골라서 던저 맛보게 해달라고 졸랐다가 혼난 기억도 있다. 그러니 30년이 지난 지금 내 아들이 주방을 기웃거리고 이것저것 간섭하면서 맛보겠다고 달려드는 모습이 예뻐 보이는 수밖에.

그때는 우리 집이 슈퍼이기도 했으니 엄마는 돈을 아끼느라 다른 데 장을 보러 간 적이 별로 없었다. 이후에 부모님이 슈퍼를 접고 문구점을 하시고, 우리 집도 아파트 생활을 하면서부터는 장을 보러 가는 시간도 음식을 준비하는 시간으로서 기대와 재미를 느끼게 하는 특별한 일상이 되었다.

학창 시절에는 동네에 재래시장이 있어서 엄마를 따라 장을 보러 다닐 때를 좋아했다. 바퀴 달린 빨간 장바구니를 끌고 나보다 앞서서 좁은 시장길 사이에서 물건을 살펴보는 엄마의 작은 뒷모습은 지금까지도 내 기억에 선명하게 남았다.

시장에서는 통닭 냄새, 지짐이를 부치는 기름 냄새가 났다. 둘 다 기름으로 하는 음식이지만 냄새가 달랐다. 방앗간을 지나갈 때는 갓 짜낸 들기름 냄새가 진하게 풍겼고 떡집에서는 고소한 참기름 냄새와 김 나는 쌀떡의 달콤삼삼한 냄새가 발길을 잡았다. 빨간 조명에 고기 비린내가 났던 정육점의 냄새조차도 찌갯거리를 하나씩 끼워 준 정육점 아저씨의 넉넉함이 되어 기억에 남았다.

그 시장 거리를 누비며 엄마와 나눈 이야기가, 사람들의 인심이 나를 키웠다. 분명 저녁에 먹을 요리 재료를 사러 장에 나왔는데도 냄새에 발목을 잡혀 엄마를 꾀어서 샀던 통닭의 추억도 덤으로 남아 있다.

지금 일곱 살인 아들을 가끔 시장에 데리고 가면 나는 아들이 간식으로 먹을 떡을 사곤 한다. 두부나 생선을 살 때도 있지만 드물다. 대부분 모바일 장보기로 사기 때문이다. 새벽 배송이나 즉시 배송으로 유명한 모바일 장보기 업체들은 동네 마트나 시장에서 사기 힘든 식재료도 보유하고 있을 뿐만 아니라 고기와 야채, 생선까지도 손질된 상태로 깔끔하게 포장해서 원하는 시간에 집 앞에 놓아준다. 내가 할 일은 보냉백 제때 내놓기, 받은 상품을 너무 늦지 않게 냉장고에 옮겨 넣기가 전부다. 사실 요즘에는 떡도 인터넷 장보기에서 냉동으로 된 제품을 사놓기에 가끔 들르던 시장 떡집에도 갈 일이 없다. 갓 나온 떡의 후끈한 풍미를 아들은 잘 모를 거다. 바쁜 엄마를 둔 아들에게는 시장은 요리 재료를 사는 곳이기보다는 마트나 주변에서 보기 힘든 광경을 구경하는 곳에 가깝다.

친정에 가면 친정엄마는 지금도 일주일에 한 번씩 열 가지에 가까운 밑반찬을 만드신다. 그 뒷모습을 보며 맛보기를 기다리는 철없는 딸이 여기 있다. 그런데 서울에서 살며 나를 엄마로 둔 우리 아들은 집에서는 거의 반찬 없이 한 그릇 음식을 먹는다. 가끔 먹는 반찬들은 시장에서 사 온 것이다. 요즘은 반찬도 냉동으로 인터넷에서 다 파니 종종 이용한다. 내가 편해진 만큼, 우리 아들은 엄마가 반찬을 만들 때 느낄 수 있는 마늘 냄새, 참기름 냄새, 들기름 냄새, 견과류와 멸치 볶는 짜고도 고소한 냄새를 맡는 일이 드물다.

...

아들이 네 살 때, 어린이집에 처음 갔을 때의 일이다.

"어머님, 라파엘이 반찬을 안 먹어요."

아들이 밥과 국만 먹는다고 선생님께 전화가 왔다. 아무리 생각해도 이유는 하나, 집에서 반찬을 먹어본 일이 드물다 보니 낯설어서인 것 같았다. 그때 나는 너무 미안해서 반찬을 사 먹이기 시작했다. 몇 번 직접 만들어도 봤는데, 손이 많이 가는 데 비해 결과물이 약소하여 일찌감치 포기했다. 이런 과거 때문에 나에게는 아들이 하루 한 번 먹는 유치원의 식사가 아주 소중하고 감사하다.

아들이 다니는 발도르프 킨더교육원에서는 유기농 재

료를 이용해서 심심하고 건강한 맛으로 요리 선생님이 직접 반찬 세 가지와 국, 밥을 해주신다. 발도르프 교육에서는 그 시기에 가장 건강한 재료를 자연에서 얻어 손수 정성을 들여 지어 먹는 행위가 인간의 영혼을 성장시키는 데 중요하다고 믿는다. 킨더에서의 식생활은 집에서 잘 못 먹는 나물류와 다양한 반찬, 제철 음식을 눈과 입으로 경험하는 소중한 기회다. 한 끼 식사에 여러 반찬을 골고루 먹는 습관을 들이고, 봄에는 진달래전, 단오에는 수리취떡을 만들어 먹고, 가을에는 곶감을 직접 만들어 먹는 아들의 시간이 성스럽기까지 하다.

진달래전을 만들려면 진달래꽃을 따고 반죽해서 부쳐야 한다. 덕분에 진달래꽃 향기가 어떤지, 진달래꽃잎 맛이 어떤지를 아이들은 살에 새긴다. 수리취떡에도 떡을 빚어 찌는 아이들의 손길과 수고로움이 들어가고, 아이들은 쑥 향을 맡게 된다. 감 껍질을 예쁘게 돌돌 돌려 까서 꼬치에 꽂아 마당 천장에 매달아 놓고 말리는 곶감엔 햇살의 품이 들어간다. 떫은 듯하지만 달짝지근한 맛과 가을 냄새는 직접 달린 곶감을 맛볼 때만 느낄 수 있다.

꽃전, 수리취떡, 곶감 모두 인터넷 장보기로 주문하면 간단하게 얻을 수 있는 음식이다. 요즘 이런 것들을 직접 만들어 먹는 사람이 얼마나 될까? 내 아이가 그 음식 냄새와 음식을 직접 만들 때 느낄 수 있는 촉감 그리고 맛을 아는 사람으로 자란다는 사실이 얼마나 감사한지 모른다. 다행히 이런 경험을 기관에서 하고 있어서 집에서의 경험과 균형(!)이 어느 정도 맞는다고 자위한다.

유치원에서는 '먹고 살기'라는 삶의 지대한 과제가 자연과 자신의 몸을 오감으로 느끼며 체험하는 경건한 의식이 된다. 우리 집에서 식구를 먹일 때마다 동원되는, 참을 수 없는 클릭질의 가벼움에 비하면 얼마나 인간적이며 감각적이고도 묵직한 체험인가.

...

 요리는 하고 싶은데 재료를 거창하게 사서 손질하는 것은 번거로울 때, 나는 밀키트로 요리한다. 직접 만든 음식을 먹고 싶을 때, 편리함과 오감 만족을 동시에 얻고 싶을 때 찾는 임시방편이랄까. 들어간 재료와 수고 대비 수제 요리와 가장 비슷한 외관과 맛을 낼 수 있다. 내가 제육볶음을 할 때 거쳤던 단계마다 필요한 재료들이 딱 포장에 적힌 N인분만큼 들어 있다. 부대찌개 1인분을 만드는 데 파가 이렇게 적게 필요한가, 새삼 놀랄 만큼 정확하게 계량되어 들어가 있다. 또 대부분 3~5단계만으로 요리를 완성할 수 있어서 아주 간편하다.

 신기하게도 그 단계만으로 제법 마늘이나 향신료가 내는 풍성함도 있고 기름과 조미료가 어우러지며 뿜어나오는 냄새도 집안을 채운다. 제법 식당 음식과 비슷하다. 그러나 집밥에 비하면 어딘가 얕다. 냄새가 집안에 머무르는 시간 또한 다르다.

 요리의 맛과 냄새의 깊이란 그 요리 속에 얼마나 많은 재료가 어울려 들어가 조화롭게 새로운 냄새를 창조해 냈는지만을 뜻하지는 않는가 보다. 집안 곳곳, 만드는 사람의 신체 곳곳 얼마나 깊이 스며들었느냐도 요리 냄새의 깊이를 말해준다. 향이 세거나 숙성된 냄새가 깊은 요리를 오랫동안 하고 나면 머리카락에도 냄새가 오래 남는다.

 직접 장을 봐와서 손질해서 하는 집밥은 재료를 다듬을 때 풍기는 채소 풋내부터, 요리하면서 맡을 수 있는 음식 냄새. 먹는 동안 길게 이어지는 식사 냄새가 겹겹이 쌓인다. 밀키트로 요리했을 때는 조리 시간이 10~20여 분으로 짧고, 간단한 재료로 부피감 있는 냄새를 표현하는 만큼 속이 비어 얄팍하다. 깔끔하게 한 상을 차릴 수 있지만, 식사 시간도 상대적으로 줄어든다. 주방과 식탁에 음식과 사람이 머무르는 시간이 짧은 만큼 식사를 마친 후 냄새 빼기도 간단한 편이다. 얕게 머무른 냄새는 쉽게 흩어진다.

  음식 냄새의 깊이는 정서의 깊이다. 집에서 공들여 음식을 만드는 것도 그렇지만, 먹은 후에 깊게 밴 냄새를 빼는 데도 온 가족의 노력이 필요하다. 맞바람이 칠 수 있게 베란다, 거실, 작은 방 창문을 다 열어젖혔던 기억. 좀 추운 날은 이불 속으로 숨었던 식구들이, 마치 둥지 안에 가득 들어차 몸을 녹이는 새들 같다. 엄마가 주방에 서서 요리할 때 맛보게 해달라고 할 때는 입을 벌리고 입에 넣어주길 기다리는 새끼 새들 같고. 그러고 보니 가족이 요리할 때 집은 둥지가 되나 보다. 엄마 새를 향해 입 벌리고 있는 새끼 새들이라니, '함께 먹는 입'을 뜻하는 식구(食口)라는 이름이 참 잘 어울리는 장면이다. 식구란 함께 먹을 밥을 향해 입 벌리고 팔 벌리고 부둥켜안는 존재들이다. 이래서 식구들과 부대끼며 함께 만들고 냄새

켜켜이 쌓이는 집밥이 어떤 음식보다도 우리 식구와 가장 잘 어울리는 건지도 모르겠다.

...

아들과 남편은 햄버거로 저녁을 먹었다니, 나도 한결 마음 편히 뉴욕 핫도그와 아메리카노를 받아와서 노트북 옆에 내려놓는다. 나의 식구들이 아늑한 집안에서 둘만의 시간을 보내고 있을 때, 나는 조금 고독히도 식구 둘이 내어준 시간을 간직하며 우리에게 다가올 새로운 날을 준비해본다.

엄마가 보고 싶은 날엔 코티분 뚜껑을 열었다

엄서영 작가

30년 넘게 해온 인테리어보다 글 쓰는 일이 더 좋아서
작가가 되기로 결심한 우아한 노가다.
짧지만 강렬했던 간병 생활을 곱씹으며 엄마를 기억합니다.
엄마는 돌아가실 때까지 저를 아명인 '미란'으로 불렀습니다.
다음 생애는 우리 엄마의 엄마로 태어날 예정이에요.
저서 〈부의 운 밸런스〉

"다음 생에는 내가 꼭 네 딸로 태어날게!"

식은땀으로 축축해진 병원복을 갈아입히려 애쓰는 나를 안쓰럽게 바라보며 엄마는 읊조리듯 말했다. 침대에 누워 온몸을 나에게 의지하면서도, 마음대로 움직일 수 없는 몸을 이리저리 움직여 나를 도와주려 애쓰는 엄마에게선 시큼한 식초 냄새가 났다. 붉어진 눈가로 나를 안쓰럽게 바라보는 엄마의 눈길이 전해져 나는 고개를 돌렸다.

매일 반복되는 병원 생활, 나는 오로지 엄마가 집으로 돌아가길 소원했다. 가끔 본가에 들르는 우리 4남매에게 기쁨 섞인 목소리로 "소고기 넣고 된장찌개 끓여줄까?" 말하며 다시 우리를 반겨주길 바랐다. 나는 그런 시간을 꿈꾸고 있었다. 엄마의 완치가 나의 미래를 결정짓는, 내 삶의 통과의례라는 생각이 들었다. 또 내가 엄마에게 저지른 불효와 내 방식대로 살아온 이기심을 용서받는 길이라고, 그것이 엄마의 딸로 살아온, 앞으로도 살아갈 나의 삶을 바로 세우는 길이라고 생각했다. 그렇게 아직 다가오지 않은 엄마의 삶을 되돌려주고 싶었다.

사업이 어려워져 본가로 들어갔던 나에게 엄마는 자신의 힘든 모습을 보여주길 원하지 않았다. 그러나 내가 철이 들면서 알게 된 아버지의 외도로 엄마가 겪는 고통이 말하지 않아도 느껴졌다. 엄마가 그렇게 자신을 학대하며 스스로 몸과 마음을 죽이고 있을 때, 나는 엄마의 그런 모습을 모른 척했다. 마치 내 미래의 모습을 보는 듯

한 기분에 엄마의 나약하고 지친 모습이 두렵기도, 외면하고 싶기도 했다. 그렇게 엄마는 하루하루 병들어 가고 있었다.

  2014년 여름, 목욕탕에 쓰러져 있는 엄마를 발견해 앰뷸런스와 함께 병원으로 향했다. 그 앰뷸런스 안에서 나는 만약 엄마가 깨어나지 않으면 어떻게 해야 하나 고민했던 것 같다. 머릿속이 하얘져 함께 탄 구급대원의 질문에 아무 대답도 못 했다. 답은 해야 하니 정신 차리려고 자꾸 몸을 움직였다.

  엄마는 뇌출혈이었다. 뇌에서도 운동을 관장하는 소뇌 쪽에 출혈이 있었다고 했다. 출혈이 있었던 곳에 생긴 상처로 앞으로의 삶이 예전 같을 수 없다고 의사 선생님은 덤덤하게 얘기했다. 그래도 나는 엄마가 다시 살아났으니 별문제 없으리라 생각했다. 엄마가 나의 바람대로 병원 생활을 마치고, 다시 예전처럼 집으로 돌아갈 수 있을 거라고 생각했다. 그렇게 믿었다. 희망 고문으로 계속되던 하루가 끝날 즈음, 갑자기 엄마가 침대에 연결된 링거 줄을 꼬며 나에게 말했다.

"새댁은 누구세요?"

뇌출혈로 상처 난 엄마의 소뇌에는 물이 찼다고 했다. 수술을 통해 상처 난 소뇌에 얇은 관을 넣어 물을 빼주어야 몸의 균형감각과 인지능력이 돌아온다고 했다. 평생 그렇게 상처 입은 뇌에서 물을 빼주며 살아야 한다고 했다.

수술 전날, 엄마는 반백의 머리카락을 전부 밀었다. 간호사는 나에게 밖에 나갔다가 나중에 들어오라고 했지만, 그렇게 할 수 없었다. 머리카락이 전부 잘린 엄마의 작고 동그란 머리는 비구니처럼 아름답고 슬펐다. 나는 그만 큰 소리로 울고 말았다. 간호사가 왜 들어오지 말라고 했는지 알 수 있었다.

"나 머리가 하나도 없어서 이상하지 않아?"

엄마는 그렇게 자기 머리를 손으로 쓰다듬으며 걱정스럽게 물었다.

"아냐, 엄마는 머리 모양이 예뻐서 머리카락이 없어도 여전히 예뻐."

나는 진심으로 말했다. 엄마는 머리카락이 없어도 여전히 아름다워서 더 애틋했다.

수술 후 회복실로 옮겨진 엄마는 자꾸 이상한 소리를 해댔다. 뇌 수술의 부작용인지 걱정도 되고, 치매로 연결되면 어떻게 하나 마음을 졸였다. 그날 밤, 보호자 간이 침대에서 눈을 감고 잘 준비하던 나는 엄마의 고함에 팅

기듯 일어났다.

"애란아, 미란아! 빨리 도망가! 저놈들이 우리 잡아가려고 저렇게 문 앞에서 기다리고 있어!"

엄마는 침대에 웅크리고 앉아 커튼으로 구분된 옆 침대의 옅은 핸드폰 불빛을 가리키며 두려움에 휩싸여 고함을 질렀다. 섬망이었다. 몇 대의 진정제가 투여되고서야 엄마는 잠들 수 있었고, 그 얼굴에는 두려움과 슬픔이 그대로 묻어 있었다.

어려운 수술 후, 앙상하게 마른 엄마는 자신의 키만큼이나 긴 관에 의지해서 삶을 이어갔다. 가끔 머리를 만지면서 "내 머릿속에 뭐가 들어 있는 것 같아."라며 불편해했지만, 우리는 그냥 별것 아니라고, 기분 탓이라고 에둘러 설명했다. 얼마나 지낼지 모르는 병원 생활이 어려울 수도 있겠다는 걱정이 무색하게도 엄마는 회복 후 적응

력을 과시하며 첫해를 보냈다. 젊고 예쁜 간호사들의 "어머니! 젊으셨을 때 무척 미인이셨겠어요!"라는 인사말을 엄마는 뻔뻔할 정도로 좋아했고, 자신의 가장 화려하고 아름다웠던 추억의 한 부분을 인정해준 어린 간호사들에게, 엄마는 우리가 병원으로 날랐던 간식거리와 자질구레한 소품들을 넘겨주고는 했다. 병원에서 지내며 엄마는 특유의 미소로 자식들과 친척들 그리고 자신을 돌봐주는 간호사와 의사들에게 미안함을 표시했다. 그래도 나는 엄마에게 남편과 자식으로부터 외면받아 지친 몸과 마음을 잠시라도 편히 쉴 수 있는 곳이 생긴 게 한편으로는 좋아 보였다.

그렇게 병원을 오가며 여섯 해를 보낸 다음 해, 언니가 아이의 교육 문제로 머물던 필리핀의 알라방이란 곳에서 엄마의 재활치료를 했다. 우리는 엄마의 손을 잡고 걷기 연습 삼아 각양각색의 건축양식을 뽐내던 저택, 수영장, 꽃나무, 야자수 그리고 커다란 개들과 인사하며 재활의 시간을 함께했다. 엄마의 시간은 나의 바람과는 다르게 하루하루 죽음과 가까워져 가고 있음을 알고 있어서 나는 웃고 있어도 막연히 두려웠다.

2019년 여름의 어느 일요일, 나는 언니와 함께 환자용 침대가 유일한 삶의 공간이 된 엄마와 엄마를 보살피는 아빠가 계시는 본가를 방문했다. 바쁜 나날이었지만, 초복을 맞아 엄마가 좋아하는 가지나물과 오이무침 그리고 닭백숙을 준비했다. 20년이 다 되어가는 낡은 에어컨 소음과 함께 우리는 점심을 먹었다.

투석 이후, 힘들고 불편해 보였던 엄마는 여전히 앙상했다. 나는 냉수를 적신 수건으로 엄마의 몸을 조심스레 닦아 드렸다. 여름 더위로 약해진 엄마의 온몸은 체열을 내리기 위해 복용한 약으로 축축이 젖어 있었다. 방문할 때마다 수건으로 닦고 뽀송뽀송한 새 옷으로 갈아입혀 드리는 것은 일상이 되었다. 그러다 보니 엄마의 신체 변화를 관찰할 수 있었는데, 당뇨 합병증의 하나로 발가락 사이 거뭇한 괴사의 흔적이 보였다. 아버지에게 월요일 투석 전 의사를 만나보시라 부탁드렸다. 이미 몇 번의 수술을 겪은 엄마에게 또 다른 힘든 일이 될 것 같아 마음이 안 좋았다.

"이런 말, 해도 되나?"

엄마는 두 눈을 반짝이며 나에게 속삭이듯 말했다.

"나, 꿈에 우리 할머니 만났어! 근데 우리 할머니가 같이 가자고 해서 내가 우리 딸한테 물어본다고 했어."

깜짝 놀라서 엄마에게 다시 물었다.

"엄마 할머니? 그럼 나한테 외증조할머니?"
"응, 우리 할머니 말이야!"

철이 들어 외갓집을 방문할 때면, 외증조할머니의 엄마 사랑에 대해 귀에 딱지가 앉도록 들었다. 딸이 귀한 집에서 태어나 할머니의 온갖 사랑을 받고 자란 엄마는 아프고 난 이후에도 가끔 할머니 얘기를 했다. 그런 할머니를 꿈속에서 보았다니, 그것도 함께 가자고 하셨다니.

"엄마! 할머니 따라가면 안 돼! 엄마는 더 있다가 나중에 가야 해!"

나는 큰 소리로 말했다.

"그렇지? 따라가면 안 되지?"

엄마는 다짐하듯 나에게 강조하고는 먼 산을 바라보았다. 엄마는 그때 알고 있었을까? 꿈속 할머니를 따라가는 게 나와 이별하는 것이란 걸.

새벽에 오는 전화는 좋은 일보다 안 좋은 일인 경우가 많다. 그날도 그랬다. 전화기 너머 들려온 아버지의 목소리에는 내가 처음 듣는 당황스러움이 묻어 있었다.

"미란아! 엄마가 숨을 안 쉬어!"
"뭐라고? 뭐라고요? 무슨 말이에요?"

나는 계속 되묻기만 했다.

한 시간이 넘는 거리를 어떻게 운전해 병원에 도착했는지 기억나지 않는다. 병원 처치실, 좁고 차가운 스테인리스 침대에 누워 있는 엄마는 흰 시트를 덮고 있었다. 얇고 차가운 면 시트의 감촉과는 다르게 엄마의 볼은 따뜻했고, 꽁꽁 언 내 손을 녹여주던 손도 그대로였다. 금세 눈을 뜨고 나를 안아주며 우리 딸 왔냐고 말해줄 것 같았다. 추위를 유난히 싫어하던 엄마가 냉방으로 살을 엘 것 같은 스테인리스의 처치 대, 그것도 차가운 면 시트 하나에 의지해 누워 있었다. 그런 엄마에게서 갑자기 꽃향기가 나는 듯했다. 말도 안 되는 일이지만 알코올 냄새와 섞여 수줍게 드러낸 향기는 분명히 꽃향기였다.

　엄마는 증조할머니를 따라갔다. 애지중지 예뻐했던 손녀의 아픔을 더 이상 보기 힘드셨을 할머니는 엄마와 나 사이, 이상과 저승으로 선을 그으셨다. 나는 그렇게 엄마와 이별했다. 어려운 그 몇 번의 수술을 거치면서도 끝까지 나를 알아봐 주고, 말 걸어주며 더 많은 추억을 만들어준 엄마와 그 시간이 감사했다. 엄마와 딸로 살았던 이번 생을 지나 다음 생에는 꼭 엄마를 다시 만나서 세상에 많은 좋은 것들을 함께하고, 많은 이야기를 해주고 싶다. 다시 태어난 엄마를 엄마가 아닌 한 사람으로, 여자로…… 만나면 참 좋겠다고 생각했다. 하지만 엄마에겐 아무 말도 전하지 못했다.

…

 3년이 흘렀다. 엄마가 돌아가신 후 나는 정신없이 일에 몰두하며 시간을 보냈다. 밀려드는 상실감은 삶의 공허로 연결되어 어둠 속으로 나를 계속 유혹했다. 삶의 의미를 찾아야만 했다. 친구들과 일부러 사람이 많은 강남, 그것도 백화점에서 약속을 만들었다. 주말이라 백화점 앞 광장은 인산인해였다. 광장 속, 수많은 사람 사이로 땀 냄새와 샴푸 냄새, 향수 냄새가 뒤섞여 있던 거리를 지나 백화점 출입구 1층 안으로 들어서면서 기분이 상쾌해졌다. 백화점 1층에 입점해 있는 수많은 종류의 화장품과 향수 판매대 때문이었다. 나처럼 후각에 예민한 사람에게 그 향기는 온몸에 꽃이 피어난 듯, 기분 좋은 상태를 만들어준다.

 모처럼 향기를 음미하며 백화점 향수 판매대를 도는데, 갑자기 낯익은 냄새가 코끝으로 전해졌다. 오래전 추억 속의 한 자락이 아련하게 펄럭였다. 그 익숙한 냄새를 기억하기 위해 발걸음을 멈췄다. 뿌연 안개 속에서 갑자기 나타난 천사처럼 수많은 향기 속에서도 그 향기는 유난히 빛났다. 엄마였다.

마호가니색 화장대 한구석에 있던 엄마의 '코티분' 냄새, 그리운 엄마의 향기였다. 물밀듯이 밀려오는 그리움은 내가 어떻게 해볼 새도 없이 내 눈가를 촉촉이 적셨다. 지나가는 사람들에게 우는 모습을 보이기 싫어 고개를 숙이고 바닥만 내려다보며 빠른 걸음으로 그 자리를 지나쳤다.

엄마는 요리 솜씨가 뛰어났다. 동네잔치나 장례식이 있을 때면 어김없이 불려가서 잔치 국수를 만들고 홍어회를 무쳤고, 마당 가운데 걸어놓은 커다란 가마솥 한가득 육개장을 끓이곤 했다. 그런 엄마에게서는 마늘이나 파 같은 양념 냄새가 나곤 했다. 김장철, 배추김치 소를 만드는 날에는 각종 양념 냄새가 밴, 벌겋게 물든 손으로 꽁꽁 언 내 손을 어루만지며 호호 불어주고는 하셨다. 그런 엄마가 낯설게 향기로웠던 날이 있었다.

 초등학교 시절, 새 학기를 맞아 시작된 학부모 면담 기간이었다. 아이들과 쉬는 시간을 보내기 위해 운동장으로 향해가던 나는, 저만치 운동장을 가로질러 교무실로 다가오는 엄마를 발견했다. 분홍색과 회색이 조화롭게 어우러진 화려한 꽃무늬 한복을 입은 엄마는 마치 하늘에서 내려온 천사 같았다. 늘어진 고무줄 바지에 우리가 입던 티셔츠 쪼가리로 충분해 보였던 엄마의 낯선 모습에 나는 엄마를 보고도 달려가 덥석 안기지도 못하고 쭈뼛쭈뼛 주변을 맴돌기간 했다.

 교무실 근처에서 서성이고 있었는데, 선생님과의 면담을 끝낸 엄마는 환한 미소를 지으며 "아유, 우리 딸! 여기 계셨어요?" 하고는 나를 꼬옥 안아주셨다. 그때 엄마에게서 났던 낯선 향기, 엄마의 포근했던 품과 함께 내 머릿속 깊이 저장된 그날의 엄마 냄새, 오렌지색 코티분이었다.

미군 부대에서 흘러나와 동네 멋쟁이 아줌마들의 필수품으로 화장대를 장식했던 뽀얗고 향기 좋은 분가루, 코티분. 그날 이후, 나는 엄마의 화장대를 기웃거려 그 향기 나는 분가루를 몰래 발라보고는 했다. 그러나 화려한 한복과 향기 나는 코티분을 바른 엄마의 모습은 다시 보지 못했다. 자신의 여성성을 찾게 되면 하늘로 날아가 버리는 『선녀와 나무꾼』의 선녀처럼 엄마도 여자로 살면 하늘로 날아가 우리 4남매를 다시는 못 볼 것이라고 생각했는지도 모르겠다.

문득 다행이라는 생각이 들었다. 엄마의 기억은 파나마늘 같은 양념 냄새가 아니라 코티분 향기에 담겨 있었다. 나는 익숙하지 않았던 엄마 냄새로 엄마를 기억하고 있었다. 우아하고 아름다웠던 순간의 엄마 향기. 나는 여전히 엄마의 코티분 향기가 아프고 그립다.

・코티분: 1935년 미국의 코티사에서 제작돼 국내에 들어온 지 60년이 넘은 코티분의 정확한 명칭은 코티사(Coty)의 '에어스펀(Airspun)'이다. 코티분이 한국에 들어온 1950년대는 국내에 화장품이 거의 처음 출시되는 시기로, 코티분은 처음으로 수입된 외제 화장품이었다. 또한, 향수가 없던 때라 향기가 나는 고운 루스 파우더인 코티분은 여성이라면 누구나 갖고 싶어 하던 화장품이었다.

이렇게 해서라도 흙을 밟아야겠습니다

황경희 작가

어떻게 하면 아이들이 즐겁게 책을 읽을까 해서 한 권,
어떻게 하면 재미있게 글을 쓸까 해서 또 한 권.
또 무슨 책을 써볼까 행복한 고민에 빠진 논술 선생입니다!
저서 〈공부연결 독서법〉, 〈재미 만점 초등 글쓰기〉

있었는데요, 없었습니다

'금값된 대파.' 재작년 초여름 즈음 대파값이 말도 안 되게 치솟았다. 뉴스에서도 연일 파값 폭등에 관해 이야기했고 고깃집에서마저 파무침이 사라지자 사람들은 궁여지책으로 집에서 파를 직접 키우기 시작했다. 파값이 치솟으니 집에서 파를 기르는 것이 가정 경제에 도움을 주는 재테크라며 '파테크'라는 말도 생겼다. '파테크'라니. 신조어는 날마다 쏟아지는 듯하다.

"우리도 집에서 파를 좀 키워볼까?"

"파?"

"어, 파."

"파는 파이다(파이다: 경상도 방언으로, '별로다'라는 뜻)."

"아, 장난 좀 치지 말고! 내가 비록 도시 촌놈이지만, 집에서 파 정도는 키워볼 수 있지."

뉴스를 보면서 남편과 여느 때처럼 싱거운 농담을 주고받았다. 코로나로 집에서 지내는 일이 많으니 바깥의 것을 안으로 들여놓는 일이 생기는 것 같다. 사실 날마다 밥을 해 먹지도 않아서 집에 파가 없다고 일상에 지장이 있는 건 아니지만, 사람들이 파테크, 파테크 하니 괜한 호기심에 감히 도전하기로 했다. 솔직히 '파'보다는 우리 집 밥상에 매일 올리는 청양고추에 대한 남편의 절대적인 사랑 때문에 '그래, 나도 이번 기회에 집에서 한번 키워볼까?' 하며 베란다 농부를 자처했다.

파를 심을 화분 대용 스티로폼은 아파트 재활용품 수거장에서 쉽게 구할 수 있었다. 예상치 못한 문제는 흙이었다. 아파트에서 손쉽게 구할 수 있으리란 예상은 보기 좋게 빗나갔다. 아파트 화단의 흙은 얕아서 많지 않았을뿐더러 화단 외에는 아파트 어디에서도 흙이 보이지 않았다. 흙 구하기에 실패하다니, 개똥도 약에 쓰려면 없다더니 딱 그 짝이라고 생각했다. 집 밖에도 흙이 없다니, 생경했다.

온갖 머리를 굴려 평소 남편과 운동 삼아 자주 가던 집 근처 수변공원을 가보기로 했다. 훤한 대낮에 흙을 공수하려니 살짝 부끄러워서 해가 뉘엿뉘엿 넘어가기를 기다렸다. 먼저 산책이라도 할까 싶었지만, 양질의 흙을 입수하기 위해서는 왠지 체력을 비축해야 할 것 같았다. 이럴 때는 마음이 척척 맞는 부부다.

차를 타고 공원 주위를 배회하다가 차에서 나와 주위

를 둘러본 뒤 조성되기 직전의 공원주차장을 향했다. 괜히 은밀한 작전을 수행하는 요원이라도 된 것처럼 조심스럽게 움직였다. 공사를 시작하려는 터라 어수선하기도 했고, 언뜻 보아도 흙들이 다양해 보였다. 밭 냄새가 나는 흙도, 약간의 생활폐기물들이 엉겨 있는 흙도 있었다. 도시 언저리에서 도망쳐 나온 흙 잡화점처럼 여러 흙이 무질서하게 흩어져 있었다. 여기서 반드시 진주를 캐내리라는 심정으로 작은 모종삽을 들고 흙을 감별했다. 영화 「미나리」에서 주인공 부부가 병아리를 감별하는 장면처럼, 집에 가져가기 알맞은 흙을 두 눈에 불을 켜고 까다롭게 감별하기 시작했다.

"이런 흙이 맞나?"
"좀 촉촉해야 안 되나?"
"이건 너무 입자가 굵어서 물이 너무 빠질 것 같다. 아, 이건 냄새부터가 아니다."
"수변공원 옆이라서 흙이 좀 축축할 줄 알았는데……

이건 불순물이 너무 닳은 것 같고…….”

"퍼석거리는 흙보다 부드러우면서…… 뭔가 색깔도 중요한 거 같은데……. 아! 어디서 들었는데, 이런 데서 흙 잘못 가져가면 베란다에 벌레들이 막 나온대."

"엥? 그럼 어쩌지?"

그 많은 흙 중 우리가 생각한 흙은 없었다. 촉촉하면서 공기가 넉넉히 들어간, 우리가 키울 파와 고추를 넉넉히 품어줄 기름진 흙을 찾기 위해 흙하고 친했던 몇십 년 전의 경험과 기억을 총소환하여 나름 까다롭게 선별 작업을 진행하다가 결국, 마트에서 샀다. 역시 마트엔 없는 게 없다. 어릴 적에는 지천으로 깔려 있던 게 흙인데, 집 밖이면 언제 어디서나 만날 수 있던 흙을 마트에서 구매하는 세상이라니. 흙을 구한다고 007작전을 방불케 한 여름날, 나는 옛날 동네 공터 옆 텃밭의 친숙한 흙냄새가 간절했다.

"자기야, 우리 채소 너무 잘 자라면 어떻게 해? 장사라도 해야 하나? 크크."

마트에서 흙만 사 온 게 아니라 '부농의 착각'까지 한 움큼 사 온 듯하다.

흙냄새가 펼친 추억 파노라마

흙을 들여놓은 그날 이후, 집 안에서 은은한 흙냄새가 풍겼다. 오랜만에 흙냄새를 맡으니 문득 옛날 생각이 났다. 아주 오랫동안 펼쳐보지 않았던 옛날 앨범을 꺼내 보는 듯 기억은 파노라마처럼 펼쳐졌다.

우리 집 앞은 모두 흙이었다. 나는 동네 아이들과 흙에서 온갖 놀이를 하며 놀았다. 제법 땅이 단단했던 우리 집 앞은 자치기를 하기에 적합했다. 땅에 흙을 세로로 파서 짧게 잘 다듬은 나뭇가지를 가로로 정중하게 올려놓는다. 손에 침 한번 탁 뱉은 후 긴 나무 작대기를 꽉 움켜쥐고 바닥에 놓인 짤막한 나뭇가지를 언제 정중하게 모셨냐는 듯 세차게 후려쳐 날려 보낸다. 약간의 흙먼지가 일지만, 나무와 나무가 '딱' 하고 부딪히며 날아갈 때 그 쾌감은 요즘의 골프와 비슷하려나.

전 세계 사람들을 놀라게 했던 드라마 「오징어 게임」의 그 오징어 게임도 우리의 단골 메뉴였다. 막대기로 동그라미와 세모, 네모를 그리기에 우리 앞마당, 흙바닥은 충분했다. 친구들과 막대기로 선을 긋거나, 주전자로 조금씩 물을 부어 게임판을 그리는 의식은 나름 정교했고, 매우 진지했다. 미간을 찌푸리고 코 평수를 넓혀가며 집중하면서 공평한 게임판을 그리는 그 순간만큼은 가히 멋진 작품을 그리는 예술가 수준이다.

땅따먹기도 빼놓을 수 없다. 동네를 물색해서 찾아낸

넓고 평평한 흙에, 친구와 맞잡은 손으로 둥근 원을 그릴 때면 마치 내가 지구를 창조하는 느낌마저 드는 황홀경이었다. 그때 우리는 진지했다. 월드컵 출전 선수들이 경기 직전 애국가를 부를 때의 그 경건함과 비슷하다고 해도 무리는 아닐 것이다.

동네 안쪽의 큰 마당은 아이들이 너무 많이 밟고 비비며 놀아서인지 흙이 몹시 곱고 부드러웠다. 비가 와도 심하게 질퍽거리지 않는 그런 흙 마당은 해가 질 때까지, 엄마가 고함지르며 이름을 부를 때까지 우리를 자석처럼 꼭꼭 붙들고 있었다. 요즘 부모들은 애들이 그러면 까무러칠지 몰라도, 그땐 모든 아이가 매일 흙먼지를 먹고 흙투성이가 되었다.

그림이 잘 그려지는 부드러운 흙, 모래가 섞여 손이 까지기 쉬운 흙, 너무 질어서 발이 푹푹 빠지는 흙, 적당히 마른 흙과 적당히 촉촉한 흙을 섞어 직접 제조한 소꿉

놀이용 흙······. 흙냄새 한번 맡았을 뿐인데 갖가지 흙의 기억이 떠오른다. 땅땅, 맨흙에 금을 긋고 하는 놀이의 즐거움을 우리 아이들은 모른다는 생각에 들였던 안타까운 마음은, 어느 초등학교 근처에서 날아가 버렸다. 초등학교 교실과 운동장 사이 보도블록에 오징어 게임, 땅따먹기 같은 놀이를 할 수 있도록 페인트로 게임판이 그려져 있었다. 아이들은 흙이 아닌 곳에서 흙 놀이를 하고 있었다. 만감이 교차했다.

흙 없는 생활

오늘도 나 황 원장은 출근한다. 매일 똑같은 출근길이지만 마음과 몸 상태에 따라 걸음걸이는 달라진다. 또각또각, 터벅터벅. 걸어서 단 5분 거리인 학원까지 출근을 위해 아파트 현관을 나와 엘리베이터를 탄다. "로비입니다." 친절한 그녀의 목소리를 뒤로하고 아파트 보도블록을 뚜벅뚜벅 걷는다. 까만 아스팔트 위 하얀 횡단보도 하나를 건너고 다시 학교 앞 보도블록이다. 여기 보도블록은 깐 지 2년도 안 되었는데 새로운 재질의 보도블록으로 새롭게 단장되었다. 마음속으로 '세금이 남아도는군!' 하는 세상 삐딱한 생각을 한번 하고 모퉁이를 돌면 우리 학원 건물이 "어서 오시게." 하며 나를 반긴다. 건물에 들어서서 다시 엘리베이터를 탄다. "5층입니다." 드디어 도착이다. 출강하는 학교는 차로 한 시간 남짓 거리인데, 아파트 주차장부터 운전하여 다시 잘 포장된 주차장에 차를 세워 놓고, 학교 내의 예쁜 포장길을 지나 건물 속으로 쑥 들어가면 된다. '3보 승차'를 아주 잘 실천하고 있다. 어디서도 흙은 한 번도 밟지 않았다.

어린 시절과는 정반대인 듯하다. 그때는 비포장 길, 흙길을 가다가 포장길이 나오면 너무 부드러운 데다 흙먼지가 신발에 앉지 않아 즐겁고 상쾌한 마음으로 아스팔트 길을 공손하고 정중하게 감사하는 마음으로 사뿐거렸다. 당시 지천으로 깔려 있던 흙바닥은 이제 큰마음을 먹거나 주말에 일부러 시간과 돈을 들이지 않으면 밟을 수 없다. 매일 밟던 흙인데, 하루에 흙을 한 번도 밟지 못하는 때가 허다한 것은 아이러니한 기분이다. 그나마 학교 운동장과 아파트 놀이터가 흙냄새를 맡으며 흙을 보고 마음껏 밟을 수 있는 유일한 공간이었는데, 어느새 친환경 우레탄과 인조잔디로 덮여 있었다. 작은 삽을 들고 놀이터에 가서 모래성도 쌓고, 두꺼비집도 짓고, 떡도 만들던 기억들이 지금 꼬마들에게는 없을 것이다.

얼마 전 조카와 아파트 놀이터를 찾아 시소를 탔다. 친환경 우레탄 위에서 타는 낯선 시소는 흙바닥에 타이어가 박힌 그 시소의 느낌이 아니어서 적잖이 실망했다. 영원히 머물러 있는 흙인 줄 알았는데…….

달라진 풍경

 햇살이 따스하게 내리쬐는 담벼락 밑에 아이들이 오글오글 모여 있다. 몇몇은 구슬을 가지고 구슬 따먹기를 한다. 몇몇은 카드놀이를 한다. "요쪽 흙 위에서 해라. 저쪽 흙은 돌이 많아서 손이 또 까인다. 또 피 나면 우짤래!"라며 공기놀이를 하다 흙에 손이 까져 인상을 쓰면서도 연신 그 조막만 한 손으로 돌 하나를 높이 허공에 올리고 땅바닥에 있는 돌을 싹 훔쳐 공중에 올린 돌과 함께 한 손으로 싹 쓸어 모은다. 옆에서 "와!" 하고 함성을 지른다. 나 어릴 적 골목마다 있던 풍경들이다.

 몇십 년이 흐른 어느 날의 어느 건물 밑, 역시 아이들이 오글거리고 있다. 손바닥만 한 기계 앞에 모여 있는 그들의 눈빛은 마치 나라를 구하려는 듯 비장함은 물론 의연함과 경의에 차 있다. 옆에서 훈수 두는 놈들이 목소리가 더 우렁차다. 핸드폰 게임은 한 명이 하는데 대여섯 명이 마치 수비대처럼 그렇게 둘러쌌다. 둘러싼 아이들은 아마도 핸드폰이 압수되었거나 아예 없는 저학년이라, 핸드폰이 있는 형들이나 친구들 옆에 모여 게임 구경을 하는 것이리라.

세월은 그렇게 흘러 흙바닥이 아니라 시멘트 바닥이 되었고, 구슬과 종이카드, 돌이 아닌 전자기기로 바뀌었다. 함께하는 놀이 문화는 사라지고, 무기를 구매하고 전쟁해서 땅을 정복하는 게임에 빠져 있다. 차가운 시멘트 바닥에 앉아서 말이다.

집에 가는 길, 아이들은 더 이상 골목마다 흙의 색깔, 질감, 냄새의 다름으로 동네를 구분하지 않는다. 그저 열심히 핸드폰을 보며 걷다가 바닥에 빨간불, 파란불이 들어오는 스마트 횡단보도를 몇 번 건넜는지 헤아릴 뿐이다.

새롭거나 그립거나 동경하거나

내가 초등학생 때 우리 동네 한복판에 큰 도로가 생겼는데 무려 왕복 8차선 도로였다. 비포장 골목길이 많았던 그즈음, 동네 한복판의 8차선 도로 개통은 마치 세상의 관심 밖에 있던 우리 동네가 관심 부자가 된 느낌이었다. "내가 이런 곳에 산다 이 말이야!"라고 허세를 부리기에 가장 적당한 그런 것이었다. 그 8차선 도로에는 일주일 정도 차가 다니지 않았는데, 그때 온 동네 사람들이 저녁마다 그 위에 돗자리를 깔고 놀거나, 배드민턴을 치고, 줄넘기도 하면서 밤늦게까지 놀다 집으로 들어갔던 기억이 있다.

그러나 지금의 우리는 바쁜 생활을 뒤로하고 주말이 되면 복잡한 도시를 떠나 잠시 풍경이 아름다운 관광지를 찾거나 명소를 찾기도 하며 쉼을 얻고 마음의 여유를 가져보기도 한다. 건강을 위해서라도 되도록 걷거나 자연을 마주하려고 한다. 위대한 자연 앞에서 숙연해지기도 하고 한껏 치유를 받기도 하기에 그 맛을 잊을 수가 없어 시간도 내고 일부러 애써 자연을 찾아간다. 사람이 잘 가지 못하던 조금 위험한 바닷길도 이제는 곳곳에 나무 데크를 설치해서 안전하게 멋진 풍광을 만날 수 있다. 잘 조성된 산이나 집 가까운 둘레길은 주말뿐 아니라 평일에도 사람이 붐빈다. 하지만 흙 좀 밟으려고 길을 나선다면 소기의 목적은 달성하기 어렵다. 이제는 둘레길마저도 먼지 나는 흙길보다 나무 데크로 조성된 잘 닦인 길이 더 많다.

사람 마음은 참으로 희한하다. 항상 두 가지 사이에서 중심을 잃어버리고 만다. 짜장면을 시키면 짬뽕을 시킬걸 하고, 짬뽕을 시키든 짜장면을 시킬걸 하며 가지지 못한 것에 미련이 생기는 건 어쩔 수 없는 인지상정인가 보다. 흙길일 때는 잘 닦인 포장도로가 멋지고 좋아 보였고, 온 세상에 시멘트와 아스팔트 포장도로가 만연해지니 반대로 흙길이 그리워 산 넘고 물 건너 기어이 찾아가는 꼴이 되어버렸다. 얼마 전엔 집 근처 수목원 한편에 맨발로 밟을 수 있는 황톳길이 생겼다고, 어느 국회의원이 걸어준 친절한 현수막이 알려주었다. 흔하디흔했던 진흙 길, 비만 살짝 와도 밟을 수 있었던 길을 이제 큰맘 먹고 찾아가 걸어야 할 일이 된 것이 기쁘다고만은 할 수 없지만, 한편으로는 집 근처에서 황톳길을 걸을 수 있게 되어 참 좋다 싶었다. 이전의 흙냄새와 흙길을 그리워하는 우리 기성세대를 위해 또 어떤 산책길이 조성될까 사뭇 기대되기도 하니, 돌고 도는 재밌는 세상이다. 참말로!

나의 작은 바람

이쯤 되어 베란다 농부의 일기를 공개하자면, 나의 농작물은 그해 여름에는 잘 살았다. 텃밭 놀이는 가히 성공

적이었다. 베란다로 들여온 스티로폼 밭에 매운 고추와 풋고추, 방울토마토를 심었고, 파 때문에 시작된 일이라 약간의 애정을 더해서 파도 조금 심었다. 베란다 창문을 열어 놓고 안방 창문에서 베란다로 들어오는 바람을 같이 맞았고, 그들과 햇볕을 같이 나눠 쬐었다. 도시민 2인 가족, 넉넉히는 아니어도 한 계절의 밥상은 수확물이 확실히 책임졌다. 물을 주며 들여다보고, 나 스스로 대견해하며 수확물을 식탁 위에 고이 모셔 올렸다. 마트에서 산 채소들을 대할 때와는 다른 기분이었다.

이제는 흙도 햇빛도 없이 식물을 키우는 시대다. 기후위기로 등장한 식물공장이 서울 답십리역 외 몇 개의 역 안에 생겼다고 한다. 식물재배용 LED 전등과 배양액으로 햇빛과 토양을 대신해서 작물을 길러내고 있다. 토양 오염이나 병충해에 관한 걱정이 없다지만, 난 왜인지 이 채소들을 먹어도 되나 싶었다. 물론 음식에 대해서만큼은 까다로운 잣대를 가진 지극히 내 개인의 견해이지만 말이다. 비타민을 영양제로 챙겨 먹어야 한다는 말에도 '채소나 과일을 많이 먹으면 되지!' 했는데 이제는 자연스레 하루에 한 알씩 먹는다. 비타민 외에도 우리가 섭취해야 할 각종 영양분을 음식이 아닌 영양제나 약으로 먹는 일이 이제는 너무나 당연해졌다. 흙이 아닌 곳에서 식물이 자랄 수 있도록 환경을 인공적으로 조성한 이 식물들도 언젠가는 먹게 되겠지만, 나는 아직은 그들을 맞이할 마음의 준비가 되지 않았다. 세상은 그렇게 빛의 속도로 발전하고 바뀌는 것 같다. 뭔가 너무 빠른 일방통행인 것 같은 기분에 가끔 심히 불쾌하기도 하다.

...

"언니, 어디예요?"
"집이지. 막 퇴근했어."
"그럼 108동 앞으로 나올래요? 나 오늘 경산 언니 집에 다녀왔어요."

"알았어! 고마워. 후다닥 갈게."

수확의 계절 가을이 되니 냉장고 채소칸이 풍성해졌다. 종종 집 근처에 텃밭을 가꾸는 지인들이 또는 그런 친척이 있는 지인들이 텃밭에서 수확한 채소를 나누어주는데, 가을은 그들과의 접선이 허다해지기 때문이다. 덕분에 상추, 부추, 치커리, 노각, 무, 배추 등으로 꽉 찬 냉장고 채소칸을 보고 행복한 비명을 지른다. 주말이 되면 주말농장을 다녀오거나 고향 집에 농막을 지어 또 다른 인생의 즐거움을 누리는, 텃밭을 가진 사람은 우리 또래에게 부러움의 대상이다. 소위 말하는 '장땡'이 되었으니까. 학원 앞 서점 사장님이 부탁하지도 않은 고향 집 농막 사진을 보여주며 텃밭과 취미 생활 이야기를 하는 모습은 그 옛날 우리 아이가 받아쓰기 100점을 맞았다고 자랑하던 모습과 비슷해 보인다.

사실 엄두도 나지 않고 자신도 없지만, 나도 언젠가 조

그만 텃밭을 가꾸고 싶다는 소망을 소심하게 버킷리스트에 넣었다. 투명한 바람에 실려 오는 자연을 느끼며 손톱에 끼인 흙을 자랑하고 싶은 나이가 되어버렸다. 평생을 도시에 살았던 친정엄마가 시골 고향 집에서 살고 싶다는 아빠 말씀에 "나는 시골에 죽어도 안 들어갈끼요. 가고 싶으면 혼자 들어가등가!" 노발대발하시던 모습을 기억한다. 그렇지만 '농사'의 '농'자도 모르면서 식당을 그만두고 텃밭을 가꾸기 시작한 이후로 안부를 물으면 텃밭 가는 길이다, 텃밭에 모종 심었다, 비 오기 전에 시금치 뽑아야 한다 등 온통 텃밭 이야기만 하던 엄마의 모습도 기억한다.

내가 엄마한테 몸도 안 좋으니 밭에 가지 말라고 하면 "모든 것이 밭에 다 있는데 그라믄 굶어 죽으라꼬?" 하시며 마치 첩첩산중에 혼자 사는 노인네처럼 이야기해서서, 마트가 이렇게 많은데 왜 저러지 싶었다. 나이 드시고 괜한 고집이 생겨 뉴스에 나오는 모든 나쁜 음식들을 맞벌이하느라 바쁜 자식들이 먹을까 봐 노심초사하시는 건가.

 이제 와 재미있는 것은, 집을 나가 서울에서 공부하고 있는 딸의 끼니를 확인하다가 편의점 도시락이나 배달음식을 시켜 먹었다고 하면 잔소리하는 내 모습이 엄마가 나에게 잔소리하는 그 모습을 영락 없이 빼다 박았다는 것이다.

이렇게 해서라도 흙을 밟아야겠습니다

 섬진강 시인으로 불리는 김용택 시인은 풀과 나무와 흙과 바람과 물과 햇빛으로 시를 쓰고 그 시 속에서 살고 싶다고, 그의 시 '농부와 시인'에서 말했다. 그의 아버지가 풀, 나무, 흙, 바람, 물, 햇빛으로 땅을 갈아서 농사를 짓듯, 그처럼 시를 쓰고 싶다고 했다.

바쁜 도시 속 네모난 아파트에 살지만, 일주일에 한 번쯤은 계절에 너무나도 정직한 흙냄새를 졸졸 따라다녀야겠다. 사소하고 평범한 장면에, 살랑살랑 오후의 바람에 재채기처럼 숨길 수 없는 웃음을 머금고. 시간 내어, 돈 들여 흙을 만나는 것은 어쩌면 나에게 최선을 다하는 의식과 예의라는 생각도 든다. 아마도 건강은 보너스 선물이 되겠지?

국화 축제가 한창인 수목원 구석구석을, 가로수 사이를 누비며 걷고 또 걸으며, 아직 걸을 만한 오늘을 흙냄새에 담아본다. 왜냐고? 그냥 내 마음이 편하니까!

할머니의 정원에는 봉숭아가 피었습니다

이윤지 작가

전직 아나운서, 현직 스피치 코치 그리고 작가.
좋은 말하기를 돕고 말과 삶을 담은 글을 씁니다.
사랑으로 소통할 때 제일 행복합니다.
저서 〈메타인지 대화법〉, 〈가장 좋은 시간은 나에게 준다〉

아이가 유치원에서 작은 화분을 들고 왔다. 흙더미에 자리한 푯말에는 '호박' 두 글자가 쓰여 있었다. 아이와 나는 매일 물을 주며 식물이 자라나는 모양새를 관찰했다. 연둣빛 줄기는 천장을 향해 놀라운 속도로 뻗어 나갔다. 어느덧 돌쟁이 아기만큼 자라난 호박을 보며 우리는 접시만 한 노란 꽃이 피길, 탐스러운 열매가 맺히길 기다렸다.

"어라, 이게 뭐지? 분홍색 꽃이네?"

이른 새벽 햇살이 닿은 곳을 바라보니 잎사귀 사이로 분홍빛 꽃봉오리가 얼굴을 붉히고 있었다. 꽃잎 주위에는 이슬을 닮은 알갱이가 몽글몽글 맺혀 있었다. 손가락 끝을 톡 하고 대니 지문 사이로 투명한 물방울이 스며든다. 끈적한 단물이 만져졌다. 세상에, 호박 줄기에서 분홍 꽃이 피어나다니! 며칠 동안 고개를 갸우뚱하던 나는 화분 앞으로 다가가 숨을 크게 들이마셨다. 명징한 향기가 머릿속을 스쳤다. 몇 달간 아이와 정성껏 키워온 생명체는 바로, 봉숭아꽃이었다. 그러고 보니 가을이었다. 달큼한 꽃 냄새는 어릴 적 외할머니 댁으로 나를 초대했다.

...

할머니는 내게 행복과 평온, 기쁨, 위안 등 지구상의 가장 좋은 감정만 느끼게 해주는 사람이었다. 언제나 내 편이 되어주고 드넓은 품으로 안아주시는 할머니를 보며 사랑이란 이런 것이구나 배웠다. 할머니 댁에서 하룻밤

자는 날이면 종일 할머니를 졸졸 다라다녔다. 민화투를 하실 때는 같이 패를 나누었고, 옥상 마당에서 담배를 피우실 때는 그 옆에 꼭 붙어 앉아 시간을 보냈다. 어릴 적엔 할머니께서 담배를 태우시는 시간이 어찌나 길게 느껴졌는지, 그때마다 나는 가만히 할머니가 손수 만든 정원의 꽃들을 구경했다. 그곳에는 채송화, 봉숭아, 나팔꽃들이 옹기종기 피어 있었다.

"이건 채송화란다. 이건 봉숭아꽃이고, 이건 나팔꽃이지. 우리 손녀 보여주려고 이거 할미가 다 심었지."
"나는 세상에서 할머니가 제일 좋아!"

이미 달달 외워버린 할머니의 꽃 이야기를 듣다 보면 이따금 숨어 있던 꿀걸을 만나기도 했다. 고개를 쭉 빼고 들여다보기라도 하면 할머니의 성화가 시작됐다.

"에비! 가까이 가면 아서."

가을바람이 솔솔 부는 날이면 할머니는 손톱에 봉숭아 물을 들여주시곤 했다. 꽃을 물들이는 장소는 앞마당이 훤히 보이는 현관 마루였다. 유정하고 나른한 곳이었다. 햇살이 마루까지 들어오면 하루의 시간을 가늠해볼 수 있었고, 괴상하게 생긴 나무 발을 보며 상상의 나래를 펼치기도 좋았다. 마루는 할머니에게도 일하며 왔다 갔다 손녀를 살피시기에 좋았으리라. 내게 가만히 앉아 있으라시고 잰걸음으로 들고 오신 소쿠리에는 봉숭아꽃과 이파리가 수북이 담겨 있었다. 이따금 소쿠리 두 곳에 꽃과 이파리가 각각 담겨오기도 했다. 한쪽에는 붉은 꽃이, 다른 한쪽에는 푸릇푸릇한 이파리가 넘칠 듯이 들어 있었다. 꽃과 풀잎의 훈향은 달랐다. 꽃 무더기에서는 사탕처럼 달곰한 향기가, 이파리에서는 살아 있는 풀잎의 싱그러운 냄새가 났다.

- 쿵. 쿵. 차르르. 차르르.

나는 우두커니 앉아 돌멩이로 꽃을 빻으시는 할머니를 바라보고 있었는데, 주름이 깊은 할머니의 구릿빛 손이 꼭 햇볕에 그을린 나뭇결 같았다. 백반 가루와 함께 버무려진 꽃은 점차 비 맞은 한복처럼 짙어졌고, 현관 마루에서는 정원의 흙내가 났다. 소쿠리 곁에는 검정, 파랑 봉지와 실뭉치가 단정히 놓여 있었다. 할머니는 먼저 커다란 봉지를 정사각형으로 자르셨다. 자글자글한 녀석들을 쫙 편 뒤 사 등분으로 줄여가다 손가락을 덮기 딱 좋을 때 멈추고, 작아진 봉지들은 한 번 더 납작하게 펼친 뒤 차곡차곡 쌓아 두었다.

　"저짝에 실 좀 주련?"

　꽈배기 모양으로 말린 실뭉치를 얼레 풀듯 쓱 뽑아내 싹둑 자르고, 열 개의 실 가닥을 만들어 서로 엉키지 않도록 띄엄띄엄 내려놓는다. 봉지를 단단히 말아줄 고무줄까지 모두 준비되었다. 정성스레 빻아진 꽃잎들은 이제 진한 꽃 즙이 되었다. 조물조물 할머니께서 한데 뭉쳐 두면, 호박만 하던 꽃잎들이 감귤 크기만큼 줄어 있었다.

"손!"

할머니 말씀에 나는 한쪽 손을 소쿠리 위에 올렸고, 할머니는 내 작은 손톱 하나에 딱 맞은 크기로 꽃 뭉치를 한소끔 집어 올려주셨다. 그 위에 비닐봉지를 덮고 실을 돌돌 말아 손가락을 감싸면 손끝이 하얗게 변해갔다. 이따금 피가 잘 안 통하는 것도 같지만 꾹 참았다. 열 번째 손가락을 향할수록 할머니의 손놀림도 빨라졌다. 익숙해진 동작 때문만은 아니리라. 할머니에게는 해야 할 일이 그득했다. 마지막 남은 실을 꾹 묶자마자 "여기 가만히 앉아 있거라." 하시곤 바쁜 걸음으로 사라지셨다.

손가락을 움직이면 큰일이 나는 것도 아닌데 할머니 말씀대로 나는 마루에 가만히 앉아 꽃 즙에 부르튼 손을 멍하니 바라보았다. 멀리서 할머니 소리가 들려온다.

- 싸르르, 챠르르

볕에 말린 고추를 한바탕 섞어 뒤집고 계신가.

- 쓰으윽, 땡그랑.

아, 항아리 뚜껑을 열고 고추장을 푸시나 보다.

- 뽀드득 뿌드득.

할머니가 마루를 광이 나도록 빡빡 닦으실 대면 신이 났다. 바로 눈앞에 할머니가 보였기 때문이다.

- 지글지글 보글보글.

부엌에서 국 끓는 소리.

- 타닥 타다닥.

뱅어포 구워지는 소리. 풍겨오는 뱅어포 향기에 군침이 돈다. 할머니표 고추장에 찍어 먹는 뱅어포 맛은 그만이었다. 장독대 김치찌개와 짭조름한 콩자반으로 밥 한 그릇 뚝딱! 마무리로 개운하게 시원한 보리차를 말아 들이켜면 할머니는 꼬부랑 허리를 펴 상을 번쩍 들고 재빠르게 부엌으로 들어가셨다.

- 쏴아아 달그락.

할머니의 박자에 맞춰 깨끗해진 그릇들이 금세 제자리로 향한다. 할머니는 내가 커서까지 엄마에게 무용담처럼 이야기하곤 하셨다.

"얘는 어릴 적부터 내가 여기 가만히 있으라고 하면 세 시간 동안 꿈쩍도 안 하고 조용히 기다렸어. 참 착해."

 나는 가만히 잘 앉아 있었지만, 정작 혼자서 할머니를 기다린 적은 없었다. 할머니는 손녀를 떠나지 않으셨다. 눈에서 멀어지는가 싶으면 곧바로 차르르, 달그락, 부스럭, 땡그랑…… 할머니의 연주가 들려왔다. 할머니의 멜로디는 한순간도 끊이지 않았고, 마치 '섬 집 아기'에게 바다가 불러 주는 자장노래처럼 내겐 그렇게 들렸다.

…

 시간이 흘러 할머니는 아파트로 이사하셨다. 나도 많이 자라 교복을 입는 나이가 되었을 때, 적어도 몇 달에 한 번은 혼자 버스를 타고 할머니 댁에 다녀오곤 했다.

"할머니! 나 왔어!"

시간이 지나도 손녀를 향한 할머니의 멜로디는 한결같았다. 맛있는 식혜를 시작으로 떡과 과일 등 먹을거리를 내주시는 것으로 1악장이 시작되었고, 모서리가 둥그렇게 바래버린 화투를 마주 앉아 치다 보면 금세 3악장을 향해 갔다. 할머니표 밥상에 연신 감탄하며 클라이맥스에 이르고 나면 할머니는 조용히 베란다로 나가 담배를 피우셨다. 할머니의 멜로디는 그대로인데 연주가의 모습은 갈수록 굽고 작아졌다. 베란다를 아무리 둘러봐도 그 옛날 할머니 집 마당에 있던 봉숭아, 채송화, 나팔꽃은 더 이상 찾아볼 수 없었다. 대신 이파리가 우아하게 빛나는 난과 정갈한 이름 모를 식물들이 자리하고 있을 뿐이었다. 도란도란 이야기를 나누다가 툭 하고 담뱃재가 떨어질 때마다 나의 호흡도 아다지오로 느려졌다. 오늘의 멜로디도 끝이 나는구나. 마음의 준비를 시작했다.

"할머니, 나 이제 갈게. 금방 또 올게요. 건강히 계세요!"

감성 풍부한 사춘기 소녀는 할머니를 만나기 전부터 헤어질 시간이 서글펐다. 이상하게도, 할머니께서 잘 가라며 손 흔들어주시는 마지막 순간이 견딜 수 없이 마음 아팠다. 마치 이산가족이라도 되는 양 서러웠다.

할머니는 손녀가 떠나기 전이면 옷장 서랍을 여셨다. 그곳은 자식, 사위들에게 받은 용돈을 모아놓은 할머니의 비밀 금고였다.

"이걸로 맛있는 것 사 먹고 공부 열심히 하거라."

할머니는 나무토막 같은 손으로 꼬깃꼬깃한 지폐들을 내 손에 꾹 쥐여주셨다. 주위에 아무도 없는데도 누가 보기 전에 얼른 넣어두라는 듯 꼭 눈을 찡긋하고 고개를 끄덕이셨다. 우리 할머니는 손녀를 만날 때만은, 손녀에게 용돈을 주실 때만은 투자였다. 본인을 위해서는 10원짜리 하나도 아끼시는 귿이 중한 돈을 자꾸 내게 주셨다.

부자 할머니 덕분에 나는 20만 원짜리 수학 과외도 받았고, 386 컴퓨터도 샀다. 엄마는 할머니의 만 원 한 장이 얼마나 귀한 것인지, 할머니께서 나를 얼마나 사랑하시는지 귀에 딱지가 앉도록 말씀하셨다. 나도 그 마음을 알기에 졸음을 참아가며 기를 쓰고 공부했다.

"할머니, 얼른 들어가세요!"

엘리베이터 문이 닫히고 1층으로 내려가는 동안 마음을 굳게 먹는다. 아파트부터 버스정류장까지 족히 5분은 걸어야 하는데, 나를 끝까지 바라봐주는 할머니를 두고 떠난다는 것은 고행이 아닐 수 없었다. 일단 나오자마자 고개를 젖혀 할머니가 계신 11층을 올려다본다. 복도 난간 너머로 나를 바라보는 할머니가 보인다.

"얼른 들어가요! 나, 갈게!"

내가 지을 수 있는 가장 환한 미소로, 제일 씩씩한 목소리로 힘차게 인사한다. 끄덕끄덕 조심히 가라는 할머니의 손짓에 크게 손을 한 번 더 흔들고는 뒤돌아 장병처럼 걸었다. 한 스무 걸음 걷다가 이내 다시 뒤를 돌아본다.

"얼른 들어가! 할머니! 나, 갈게요!"

여전히 그 자리에서 나를 바라보고 계신 할머니에게 손을 흔들고 다시 늠름하게 걸어본다. 발걸음은 기운찬데 어쩐지 눈앞이 흐릿하다. 다시 몇 발짝 걷다 또 뒤를 돌아본다. 이 반복을 족히 너덧 번 하고 나면 기어이 눈물이 쏟아지고 만다. 손녀를 끝까지 바라봐주시는 할머니의 눈길, 그 할머니의 사랑에 그땐 왜 그리 눈물이 났는지 모르겠다. 그렇지만 절대로 걸음을 멈추거나 어깨를 들썩이지 않았다. 할머니가 알아차리지 못하도록 골목 끝까지 곧은 자세로 씩씩하게 걷다 이윽고 방향을 틀면 그제야 옷소매로 젖은 눈가를 뻑뻑 문지르며 정류장까지 울며 뛰어갔다. 할머니는 한 번도 나를 향한 시선을 먼저 거둔 적이 없었다.

...

외할머니가 세상을 떠난 지 어느덧 10년이 흘렀다. 봉숭아꽃으로 손톱을 물들이던 기억도 빛바랜 추억이 된 지 오래이기에, 호박이란 이름으로 찾아온 봉숭아는 선물처럼 반가웠다. 덕분에 나는 할머니와 함께했던 것처럼 아이와 함께 봉숭아로 손톱을 물들여볼까 싶어 구매 사이트를 검색해보았다. 부담스럽지 않은 금액에 양도 풍성하고 물들이는 방법도 간편한 상품들이 많았다. 라면수프처럼 포장된 봉숭아 가루를 물과 섞어 손톱 위에 올리기만 하면 10분 만에 완성된다는 문구가 눈길을 끌었다. 곧바로 장바구니에 넣고 다음 날 새벽 물건을 받았다. 참 빠르다.

배송받은 키트를 열어보니 국방색 가루가 담겨 있었다. 작은 종지에 가루를 옮긴 뒤 물을 섞어주니 잿빛 진흙이 만들어진다. 손가락을 감쌀 검고 푸른 비닐봉지도 필요 없었다. 뚝딱 준비를 마치고 곧바로 아이와 내 손가락에 짙은 미숫가루 같은 녀석들을 올렸다. 잠시 후 손톱을 닦아내니 광고 문구처럼 정말 순식간에 손톱 주위가 온통 주황빛으로 물들어 있었다. '마치 매니큐어처럼 간편해요.' 했던 후기가 떠올랐다. 그러고 보니 향도 매니큐어와 비슷하다. 아무리 코를 들이대도 어릴 적 맡았던 살아 있는 식물의 향은 아니었다.

순식간에 붉게 물든 손톱을 발견하자 아이의 동공이 흔들렸다. 당황한 아이는 긴 소매 속에 손을 숨기며 유치원에서 친구들에게 보여주지 않을 거라 했고, 예상치 못한 반응에 놀란 나는 재빠르게 말했다.

"괜찮아! 금방 원래대로 돌아올 거야."

순간을 모면하기 위해 내뱉었던 이 대사는 현실이 되었다. 밀물 들어오듯 재빠르게 물든 만큼 색상도 썰물처럼 빠르게 빠져나갔다. 며칠이 채 되지 않아 주황빛은 노랗게 바랬고, 일주일이 지나자 감쪽같이 사라졌다. 크리스마스 소원은 꿈도 꿀 수 없는 속도였다.

 그사이 우리 집 화분의 봉숭아꽃이『잭과 콩나무』처럼 쑥쑥 자라났다. 힘차게 뻗어 나가는 줄기를 따라 아기 볼 같은 꽃잎이 여러 송이 피어났다. 불현듯 적은 양일지라도 실제 봉숭아꽃을 빻아 직접 물들이면서 아이에게 또 나에게 추억을 만들어주고 싶다는 생각이 들었다.

 백반 가루를 사고, 선반 깊숙이 넣어둔 절구통을 꺼냈다. 아이에게 봉숭아꽃을 따 달라고 하니 "정말이야?" 재차 확인한다. 꽃을 꺾으면 안 된다고 언성을 높이던 엄마가 먼저 꽃을 따 달라니 귀를 의심했을 것이다.

아이는 진지한 표정으로 한쪽 손으로는 줄기를 잡고 또 다른 손으로는 톡! 톡! 야무지게 꽃잎을 땄다. 한 송이 한 송이 떼어낼 때마다 파르르 흔들리는 모양새에 내 가슴도 떨려왔다.

늘 할머니께 받기만 하던 봉숭아 물들이기를 직접 하려니 설레기도 하고 진짜 어른이 된 것만 같았다. 절구통 속 꽃을 찧을수록 연한 분홍빛은 점차 비 맞은 진달래 빛깔이 되어갔다. 백반 가루를 넣어 섞다 보니 아카시아를 닮은 향취가 난다. 짓눌린 꽃잎들이 납작하게 붙은 방망이에 코끝을 대어본다. 햇살 담은 할머니 집 현관 마루가 아른거린다.

"엄마! 나도 한번 말아볼래."

엄마를 따라 꼭 감은 눈으로 킁킁거리는 아이가 찡긋 웃어 보인다. 꽃을 찧은 절구 속을 들여다보니 안 그래도 적은 꽃송이의 양이 더 줄어들었다. 이파리를 넣고 더 찧어야겠다 싶어 절구통을 씻으며 생각해본다. 할머니도 혹시 꽃의 양이 부족해서 이파리를 더해주셨던 건 아닐까? 비 내린 숲의 싱그러운 향이 솔솔 올라온다.

"음…… 양배추 냄새가 나, 엄마!"

향을 음미하는 아이의 자그마한 손톱 위에 정성스레 빻은 꽃 즙을 한소끔 집어 얹었다. 할머니가 내게 해주었던 것처럼 행여라도 떨어질까 꾹꾹 눌러주는 것도 잊지 않았다. 가만히 손을 펼친 아이는 봉숭아가 올려질 때마다 신기한 듯 바라본다. 한껏 집중한 오동통한 입술이 예뻐 한참을 보다가 고개를 들어보니 코끝이 몽글몽글, 눈망울도 영롱하다.

"엄마! 너무 간지러워."

봉숭아를 올릴 때마다 깔깔 웃어대는 아이의 모습에 어린 내 모습이 겹쳐 보였다. 내가 까르르 웃을 때 지긋한 미소로 나를 바라봐주던 할머니의 눈빛. 그 눈빛은 한순간도 놓지 않고 아이를 바라보는 지금 나의 눈빛과도 같았다.

그랬다. 바라봐주는 것이 아니라 바라볼 수밖에 없는 것이었다.

아플 때만이라도 내게 밥을 해주면 좋겠어

우정숙 작가

아이를 키우면서 보람과 재미를 크게 느꼈지만
나 자신을 잃어버린 듯한 상실감에 무기력해지기도 했습니다.
그런 나를 일으켜 세우기 위해 시작한
심리학 공부에 흠뻑 빠져서 심리상담가의 길에 들어섰습니다.
저서 〈내 아이를 위한 500권 육아 공부〉

드디어 코로나에 걸렸다. 그것도 가족 모두가 한꺼번에. 코로나19 팬데믹이 시작된 지 꼭 34개월 만이다. 불과 며칠 전, 지독한 코로나를 용케도 피해 간 신기한 가족이라는 지인의 말을 듣고 가족들의 건강을 챙기려 먹거리에 신경 쓴 보람이 있다고 내심 우쭐하던 차였다. 머릿속엔 '정신 차려. 이제 너희 가족 차례야.'라는 경고음이 울렸다.

며칠 전, 퇴근한 남편의 표정이 어두웠다. 몹시 지친 듯

한 모습에 걱정이 되어 물어보니 몸이 으슬으슬 안 좋다고 했다. 친인척, 지인들이 모두 코로나에 걸려 자가격리를 경험했지만, 우리 가족은 안 걸리니 모두에게 면역력이 생겼을 거라고 확신하고 있었다. 코로나일지도 모른다는 의심은 눈곱만큼도 하지 않았고, 단순한 몸살감기겠거니 하고 대수롭지 않게 여겼다. 다음 날 오후 대전으로 출장 간 남편에게서 전화가 왔다. 몸이 몹시 힘드니 집에 가서 푹 쉴 수 있도록 방바닥을 최대한 뜨끈하게 난방을 올려 이부자리를 펴고, 공기청정기를 켜달라고 부탁했다. 부모님 세대가 그랬던 것처럼 땀을 쭉 빼고 하룻밤 푹 자고 나면 나을 거라고 믿는 눈치였다. 반백이 넘은 옛날 남자답다.

늦은 밤 귀가한 남편은 자신의 부탁이 잘 이행된 것을 확인하곤 만족스러운 표정을 지었다. 오후에 통화했을 때보다 한결 컨디션이 좋아 보이길래 물어보니 내 말대로 병원을 갔고, 비타민 주사를 맞았다고 한다. 남편의 몸이 어서 회복되기를 바라는 마음으로 정성껏 준비한 밥상을 차려주었더니 '이보다 더 좋을 수는 없다'는 듯 미소를 지었다. 만에 하나를 대비해서 코로나 자가검사 키트를 사 왔다며 남편은 느긋한 마음으로 검사를 시작했다. 설마설마했는데 빨간 선이 두 줄, 선명하게 나타났다. 식탁 맞은편에서 남편을 바라보며 앉아 있던 나는 순간 당혹감을 느꼈다. '이제 어떻게 해야 하지?'라고 생각하면서 자동반사적으로 내 손은 이미 마스크를 찾아 입과 코를 가리고 있었다. 남편의 얼굴에도 불안이 스쳤다.

남편은 얼른 방으로 들어가 자가격리를 시작했다. 나와 아들도 감염이 되었을지 몰라서 검사를 해보았지만, 다행히 음성이었다. 아들이 코로나에서 안전하다는 것을 확인하는 순간 걱정과 두려움이 반의반으로 줄어드는 느낌이었다.

빠르게 마음의 안정을 찾은 뒤 남편의 부탁 몇 가지를 들어주고 나는 방에서 잠을 잤다. 남편이 다른 방에서 격리하고 있으니 앓는 모습이 보이지 않아 감기로 아플 때보다 오히려 마음은 편안했다.

아침에 일어나서 남편의 상태를 확인해보니 밤새 끙끙 앓은 모습이다. 그때야 미안함이 스르륵 올라온다.

'아, 맞다. 코로나지. 코로나에 걸리면 심하게 아픈 사람들이 많다더니 남편도 많이 힘들었구나. 그것도 모르고 혼자 속 편하게 잠을 잤네……'

코로나에 걸려 방에서 격리하는 남편을 위해 내가 할 수 있는 일을 생각해봤지만, 식사와 간식 등을 잘 챙겨주는 일밖에 떠오르지 않았다. 나는 그 어느 때보다 시간과 정성을 들여 식사를 준비했다. 몸에 좋은 채소를 골고루 다지고 해물을 넣어 정성껏 죽을 끓였다. 곁들일 반찬을 이것저것 준비해서 차와 과일 간식까지 한 상 정갈하게 차려서 끼니마다 남편의 방으로 넣어주었다. 격리되어 혼자 앓고 있는 남편을 생각하니 더 애처롭고 안쓰러운 마음도 들었다. 매번 같은 죽을 먹으면 질릴까 봐 재료를 달리하고 간식의 메뉴도 바꿔가며 남편의 회복을 위해 며칠 동안 정성을 다했다. 하루에 세 번 아침, 점심, 저녁 시간에 쿰비에서 죽이 보글보글 끓다가 이제 다 익었다는 신호를 보내는 듯 커다란 거품이 폭폭 터지는 소리가 들리기 시작하면 불을 줄이고 뜸을 들였다 '맛있어져라, 맛있어져라. 얍! 이 죽 먹고 내 남편 얼른 나아라!' 하고 주문을 외는 마음이었다. 다정한 나의 마음을 담은 구수한 죽 냄새가 집 안을 가득 채웠다.

며칠 후 남편의 상태가 상당히 호전된 듯 보여서 안심하던 차에 아침이 밝았는데도 아들이 잠자리에서 일어나지를 못했다. 목도 따갑고 머리도 아프다고 하길래 이마를 짚어보니 뜨겁다. 아들을 데리고 병원에 가서 혹시 몰라 함께 코로나 검사를 해보니 아들과 나, 둘 다 코로나에 걸렸다.

 아들이 덜 아프고 코로나를 이겨낼 수 있으려면 밥과 약을 잘 먹여야 한다는 생각에 '나도 코로나니 쉬어야 한다'는 엄살을 피울 겨를이 없었다. 집에 도착하자마자 부랴부랴 죽을 새로 끓일 준비를 하다가 실수로 채칼을 떨어뜨렸다. 바닥에 떨어지기 전에 얼른 잡으려다가 뾰족하게 튀어나온 칼날을 덥석 잡아버렸다. 검지 끝에 칼날이 깊숙이 파고들었다. 순식간에 피가 뚝뚝 사정없이 떨어지며 바닥을 붉게 물들였다. 피는 철철 흐르고 도움을 청할 사람은 없어서 혼자 당황했지만, 이내 붕대를 찾아 다친 손가락을 단단히 동여매 지혈했다. 한참 후 피는 그쳤다. 상처를 소독하고 밴드를 붙인 뒤 다친 손에 라텍스 장갑을 끼고, 다시 식사 준비를 시작했다.

 전과 다름없이 남편과 아들에게 따로 상을 차려주었

고, 식사를 마치니 다시 설거짓거리가 쌓였다. 하필 며칠 전 고무장갑이 낡아서 버렸기에 아쉬운 대로 라텍스 장갑을 끼고 설거지를 했다.

 손목이 짧은 장갑 안으로 물이 스며들었고, 상처 난 손가락은 축축하게 젖었다. 음식 재료를 다듬고 설거지를 반복하느라 손이 수도 없이 젖어서 계속 밴드를 갈아 붙였다. 퉁퉁 불은 손에서는 불쾌한 냄새가 가시지 않았고, 결국 하루 만에 밴드 한 통을 다 썼다. 그 손을 하고서도 묵묵히 부엌일을 하는데 남편은 나의 아픈 사정을 아랑곳하지 않고 주방 근처에 올 생각조차 하지 않았다. 거실에 이불 펴고 누워서 태평하게 텔레비전을 볼지언정 자기 손으로 가족을 위해 무언가를 해야겠다는 생각조차 없어 보였다.

"사과가 먹고 싶어."
"천혜향이 먹고 싶어."

"배도 먹고 싶다."
"콩떡이랑 식혜 먹고 싶어."

남편이 주문하면 나는 씻고 깎고 자르고 그릇에 담아서 가져다주었다. '힘들어도 참고 잘 보살펴주자'라며 좋은 마음을 내었다. 하지만 내 의지와 다르게 시간이 지날수록 내 마음에는 조금씩 울화가 쌓이는 느낌이었다. '나도 코로나라고! 나도 아플 때는 누가 해주는 밥을 먹고 싶고 쉬고 싶다고!' 하지만 입 밖으로 그 말을 꺼내고 싶지는 않았다.

나는 왜 그 말을 할 수 없었을까? 구차했다. 남편이 먼저 알아서 해주면 모를까, 내가 남편에게 원하는 것을 말하는 것은 왠지 구질구질하게 느껴졌다. 말하지 않아도 알아서 내가 원하는 것을 좀 해달라고 아무리 텔레파시를 보내봐도 통신장애가 있는지 남편은 내 마음과 달리 자기 한 몸 잘 돌보는 데 온통 마음이 가 있는 듯 보였다.

그런 남편을 보며 '그래. 이제 며칠 남지 않았어. 하루만 더 참자. 하루만 더 있다가 남편이 완전히 회복하면 그때 말하자' 하다가 하루 이틀, 사흘이 되었다. 하지만 남편은 여전했고 나도 여전히 내가 원하는 것을 말할 수 없었다. 대신 '죽을 만큼 아픈 거 아니잖아. 이 정도는 그리 힘든 일 아니잖아. 조금만 더 참으면 돼'라는 말들로 내 머릿속을 채웠다.

 그렇게 마음이 찌들어 있을 때면 내 코는 이상하게 좋은 냄새를 못 맡는다. 뜸 들 때부터 구수한 냄새가 강하게 퍼져서 온 집 안을 밥 냄새로 가득 채운다는 진주향 쌀로 밥을 해도 소용이 없다. 대신 싱크대 옆 음식물 쓰레기통에서 새어 나오는 불쾌한 냄새만이 코를 찌른다. 미간은 찌푸려지고, 마음은 더 심란해진다. 나도 귀한 대접받으며 우아하게 살고 싶은데…….

 그럭저럭 괜찮은 컨디션을 유지하며 잘 버티던 아들이

밤이 되니 신음을 내며 끙끙 앓았다. 온몸이 뜨겁다. 나도 종일 긴장하고 있다가 밤이 되니 열이 나고 머리가 아프고 목이 따가웠다. 마음 같아서는 당장이라도 자리 깔고 눕고 싶었지만, 열이 나는 아들의 이마에 물수건이라도 갈아주면 도움이 될까 싶어 안간힘을 쓰며 아들 곁에 앉았다.

아픈 내가 아픈 아들을 힘겹게 돌보는 중에 남편은 방에서 대자로 누워 세상 편하게 곤히 자고 있었다. 순간 화가 치밀어 올랐다. 이제 회복기라 그리 많이 아프지 않으면서 새로 코로나 확진을 받은 나와 아들이 어떤 상태인지 전혀 관심 두지 않는 남편에 대한 원망을 더는 억누르기 힘든 상태가 되었다.

'정말 변하지 않는구나……. 남편의 이런 이기적인 태도 때문에 그동안 내가 정말 힘들었지.' 과거의 기억을 돌아보았다. 평일에는 남편이 회사 일로 바쁘고 피곤하니 육아도 집안일도 거들어달라 하지 않으며 배려했건만, 남편은 주말이 되어도 밀린 잠을 잔다며 늦도록 일어나지 않고, 부족한 운동을 한다며 무술 수업을 가고, 혼자 등산을 다녀오는 등 자기 자신만 열심히 돌보았다. 한탄이 마음을 어지럽혔다. 호흡이 가빠지면서 가슴이 쿵쾅거렸다.

더 이상 남편과 한집에서 부부로 사는 것이 무슨 의미가 있을까 싶을 만큼 속앓이가 심할 때, 아이의 방학 캠프 기간을 이용해 혼자 강원도로 피정을 하러 간 일이 있었다.

침묵하고 기도하고 명상하고 책 읽기를 반복하던 중에 문득 '엄마가 된 이후 내게 가장 중요한 가치는 아이를 잘 키우는 것이었는데 남편이 직장에 다니며 많든 적든 꼬박꼬박 돈을 벌어다 준 덕분에 내게 중요한 가치를 실현하며 살 수 있었구나. 내가 희생하고 산 것이 아니라 내가 하고 싶은 일을 마음껏 하고 산 것이구나. 남편이 없었다면 내가 원하는 방식의 삶을 살 수 없었겠구나'라는 자각에 뜨거운 눈물이 흘러내렸다. '나는 이렇게 애쓰는데 남편은 몰라주고, 인정도 해주지 않고, 나를 배려하거나 존중하지도 않는다'라는 생각에 억울하고 원망스러웠던 마음의 자리에 '감사함'이 채워졌다. 남편의 부족함 대신 남편 덕분에 내가 할 수 있었던 많은 일을 떠올렸다. '왜 이거 안 해줘? 왜 저거 해주지 않아? 왜 나만 해야 해?' 같은 억울함이 사라지고 '보답'하려는 마음으로 '기꺼이' 집안일을 하게 되었다.

비난의 마음을 걷어내고 감사한 마음으로 대해서일까? 남편이 자청해서 집안일을 거드는 횟수가 전보다 늘었다.

지긋지긋한 마음속 전쟁이 끝나고 평화가 찾아온 지 일 년쯤 되어 코로나를 겪으니 다시 예전 기억이 떠올랐다. '미움'과 '원망'이 뽀글뽀글 피어오른다. '항상 이런 식이었어. 정말 이기적이야. 자기 안위밖에 모르는 사람…….' 나와의 싸움이 시작되었다.

"누가 하랬어? 나도 안 하면 되잖아."
"그럼 누가 해? 둘 다 아픈데. 내가 엄마니까 내가 해야지."
"나도 아프잖아. 내가 아픈 티 안 내고 묵묵히 하니까 남편이 모르잖아. 나도 아프다고 말해. 나도 힘들어서 아무것도 할 수 없다고 말해. 그러면 되잖아."
"아무리 아파도 나까지 몸져누워버리면 누가 밥을 챙겨줘? 다른 대도 아니고 가족들이 아플 때, 그것도 코로나인데 잘 먹어야 후유증 없이 금방 나을 수 있다잖아. 그러니 나라도 할 수밖에 없어."
"배달시켜 먹어."
"평소라면 몰라도 지금은 특히 건강한 음식을 먹어야 해. 믿을 만한 재료에 화학조미료는 빼고 정성 들여 요리

해야지. 면역력이 약해져 있을 때 조미료 잔뜩 들어간 배달 음식을 먹으면 안 좋다고."

"그럼 앞으로도 계속 직접 수고롭게 요리를 하고 집안일을 하든가. 직접 요리하고 집안일하는 것을 선택해놓고 왜 남편을 원망해? 남편이 나한테 요리해서 밥 달라고 한 적도 없잖아."

"남편은 배달 음식 싫어해."

"그건 내가 건강할 때 얘기지. 모두 아픈데 어쩔 수 없는 거지."

"그래도 배달 음식은 싫어. 한두 번도 아니고…… 한 끼만 배달 음식 시켜도 플라스틱 쓰레기가 엄청나서 죄책감이 느껴지는데……. 상상만 해도 싫어. 배달 음식을 계속 시켜서 플라스틱이 쌓여가는 모습을 보면 가족의 건강이 걱정되고 환경오염에 크게 기여하는 것 같아서 내키지 않아."

"그렇게 가족을 잘 돌보고 싶은 선한 마음으로 애쓰는 것은 좋지만 원망하는 마음, 미워하는 마음을 갖는다면 그건 오히려 가족에게 해가 될 수 있어. 집밥이 몸에는 좋을지 몰라도 내 눈칫밥을 먹고 안색을 살피느라 가족들은 가시방석에 앉은 느낌일 거야……."

"나도 안 그러고 싶은데…… 나도 기꺼이 기분 좋게, 할 수 있을 만큼만 하고 싶은데…… 그래서 상대방에게 기대하지 않고, 원망하지도 않고 싶은데…… 그게 잘 안 돼."

"그럴 수 있어. 오랫동안 나는 '안 해도 돼' 대신 '해야만 해'라는 선택을 하면서 살았으니 '안 해도 돼'를 선택하기가 쉽지 않을 거야. 작은 것부터 표현하기 시작해보자."

나를 돌봐야 한다고 말하는 나와 나의 역할에 충실하고 싶은 나는 말꼬리를 물며 자문자답했다.

다음 날 아침, 평소처럼 식사 준비를 하고 남편을 향해 힘겹게 입을 열었다.

"며칠 전에 요리하다가 채칼에 손가락을 베었어요. 계속 물이 닿으니 상처가 곪으려는지 통증이 있어요. 오늘 설거지는 당신과 도윤이가 해주면 좋겠어요."

이 말이 뭐라고 어렵게 말을 꺼냈는데 눈물이 쏟아질 것 같았다. 눈물을 보이고 싶지 않아서 할 말만 하고 얼른 방으로 들어갔다. 마음 같아서는 '대화'를 하고 싶었는데 눈물이 쏟아질 것 같아 당황하는 바람에 '일방적 요구'처럼 들릴 법한 말만 남기고 대화를 끝냈다. 상대방의 느낌도 알아주고 욕구도 반영해주며 연결의 대화를 하고 싶은 마음이 굴뚝이었지만 그러지 못해서 아쉬웠다. 하지만 내가 원하는 것을 표현하고 나니 한결 마음이 후련했다.

하루 설거지를 부탁했음에도 남편은 딱 한 끼 설거지만 했다. '그러면 그렇지 네가!'라는 생각이 들기도 했지만, 한 끼 설거지라도 내가 원하는 것을 해주는 모습을 보니 조금은 위로가 되는 느낌이었다.

 다음 날 다시 평소대로 요리하고 밥상을 차리고 치우고 설거지하고 집안일을 하면서 아린 속을 달래려 애쓰고 있었다. 눈치 빠른 아들이 그나마 옆에서 얼쩡거리며 엄마에게 작은 도움이라도 주려고 나서는 모습을 보면서 위로가 되기도 했다. 하지만 이내 '네 아빠가 너의 반의반만이라도 눈치가 있고 배려가 있는 사람이면 얼마나 좋을까?'라는 생각이 들어 땅이 꺼지라고 한숨이 나왔다. 20년을 넘게 살았는데……. '있는 그대로 받아들이기'에 남편의 '무심함'은 내지 상처로 다가오곤 한다. '상대방이 강요한 게 아니야. 나의 선택이야. 내 선택에 스스로 책임져. 상대방을 원망할 바에야 아무것도 하지 마. 기꺼이 할 수 있을 만큼만 해'라고 수없이 되뇌지만, 내 마음은 항변한다.

 '나도 사람이라고……. 나도 돌봄 받고 배려받고 싶은

사람이라고……. 열 번에 한 번만이라도 돌봄 받고 싶다고…….'

그리고 저녁, 나는 처음으로 식사 준비를 하지 않았다. '먹든지 말든지 알아서 해. 내 알 바 아니야. 나는 오늘 저녁 시간에 온전히 나를 돌보겠어'라는 마음으로 '해야만 한다'는 선택 대신 '안 해도 돼'라는 선택을 했다.

익숙하지 않은 선택을 하니 마음이 불편했지만 '어떻게든 되겠지!'라는 마음으로 버텼다. 아들이 마음에 걸렸지만, 제 손으로 라면 정도는 끓여 먹을 수 있는 나이니까 미안해하지 않기로 했다.

어렵게 결단(?)을 한 덕분에 손에 물을 묻힐 필요가 없었고, 내 손은 오랜만에 주방세제를 피할 수 있었다. 설거지 후에는 로션을 아무리 발라도 메마르고 까슬까슬하던 내 손이 오늘만은 촉촉했다. 손끝을 비벼도 바스락 소리가 들리지 않았다. 늘 음식 냄새, 설거지 냄새가 배어 있던 손에선 향기로운 로션 냄새가 났다. 기분이 좋았다. 엄마가 되기 전처럼.

다음 날 아침, 주방에서는 한참 동안 덜거덕 소리가 났다. '밀린 설거지를 하는 모양이군!' 감흥이 없었다. 잠시 후, 뜻밖에도 압력솥의 추가 쉭쉭 돌아가는 소리가 들리며 밥 짓는 구수한 냄새가 문틈으로 풍겨왔다. '어라. 웬일로 밥을 했나 보네'라는 생각이 들자 괜히 스르륵 마음이 녹는 느낌이었다. 하지만 전날 저녁, 시위하듯 식사 준비를 하지 않았던 터라 아무 일도 없었던 것처럼 주방으로 나가자니 머뭇거려졌다. 조금 시간이 흘러 바깥이 조용해졌다.

슬그머니 방문 밖으로 나가 살펴본 주방에는 뭉근한 음식 냄새가 났고, 가스레인지 위에 아직 따끈한 온기가 남아 있는 냄비가 있었다. 문득 '설마 요리를 한 걸까?'

아플 때만이라도 내게 밥을 해주면 좋겠어

생각했지만, 그럴 리는 없었다. 어쩌다 내가 밥하는 게 힘들고 지겹다고 투덜대면 "밥하는 게 뭐가 어려워?"라면서 마뜩잖은 표정으로 쌀을 안쳐 정말 밥만 하던 남편이니까. 그래도 설마설마하면서 뚜껑을 여니 김치 냄새가 퍼졌다. 김치찌개다. 남편이 요리하는 동안 시큼한 냄새가 풍겼을 텐데도 나는 전혀 짐작하지 못했다. 내 코는 오롯이 밥 냄새만 맡았다. 온 후각이 내가 짓지 않은 밥 냄새에만 집중되어 있었다. 나는 누군가가 나를 위해 정성 들여 밥을 지어줄 때 그 냄새를 맡으며 '사랑받았던 기분'을 재경험한다. 그래서 밥 냄새와 사랑받는 기분에 취해 다른 음식 냄새는 안중에 없었던 건 아닐까?

김치찌개를 한술 떠 맛을 보니 식초를 넣은 듯 신맛이 강하다. 신맛을 중화시키기 위해 설탕과 맛술을 조금 넣었으면 좋으련만 요리와 담쌓고 사는 남편이 그런 걸 알 리가 없었겠지. 김치에 물과 참치 캔 하나 넣고 그냥 끓이기만 하는 남편의 모습이 눈에 선하다.

남편이 나를 위해 백만 년(?) 만에 끓인 김치찌개와 갓 지은 밥 한 공기를 퍼서 식탁에 앉았다. 밥을 한 숟가락 떠서 먹으려는 순간, 둔해진 코에 달큰하고 구수한 냄새가 스며든다. 익숙하지만 낯선 냄새. 남편이 해준 부드러운 밥 냄새는 나를 절로 미소 짓게 했다. 며칠 동안의 마음고생이 눈 녹듯이 사라지는 기분이 들었다. 내가 바라는 것은 그렇게 대단한 것이 아니었다. 이 정도, 이렇게 아주 가끔 해주는 밥 한 번에 감사했다. 나에게도 힘들 때 나를 돌봐주는 누군가가 있다는 걸 확인할 수 있을 때 위로가 된다. 힘을 낼 수 있다.

　어렸을 때 모두가 잠든 어둑한 새벽에 홀로 일어나서 가족을 위해 아침 식사 준비를 하던 엄마가 떠오른다. 방과 부엌이 붙어있다시피 해서 엄마가 쌀을 박박 문질러 씻는 소리부터 무채나 감자채를 썰기 위해 모터 달린 듯 빠른 속도로 탁탁탁 도마에 칼질하는 소리, 채소의 풋풋한 냄새, 찌개가 보글거리는 소리, 따듯하게 완성된 음식 냄새까지 방문을 넘어오면 잠에서 살살 깨어나기 시작했다. "일어날 시간이야. 어서 밥 먹고 학교 가야지." 나는 밥이 뜸 들면서 퍼지는 구수하고 달근한 냄새를 맡으며 나를 깨우러 올 엄마를 기다렸다. 아직 잠이 깨지 않은 척하면서.

 지금도 나는 요리하며 칼질할 때마다 엄마 같은 칼질 소리를 내려면 얼마나 손이 더 빨라야 할까 하는 생각을 하곤 한다. 기가 막히게 빠른, 마술 같은 솜씨로 뚝딱뚝딱 만든 반찬과 구수한 밥으로 차려낸 밥상을 받으면 따뜻하고 포근해지는 느낌이 들곤 했다. 기억을 더듬어봐도 웃는 얼굴을 떠올리기 힘들었던 무뚝뚝한 엄마였지만, 엄마가 정성 들여 차려낸 밥상은 나에게 '엄마가 정말 사랑해. 너는 엄마에게 정말 소중한 존재야.'라고 소리 없이 말하는 것 같았다. 그래서였을까? 나는 심하게 밥에 연연한다. 아니, 집착한다는 게 맞는 표현일지도 모른다. 소중한 사람들을 불러모아 내가 지은 밥 차려주는 걸 좋아한다. 그래서 누군가가 나를 위해 밥을 해주는 것보다 더 큰 감동이 없다. 내게 밥은 사랑이다.

내게 사랑을 표현하고 싶다면 밥을 지어주면 좋겠어. 열 번에 한 번만이라도, 한 달에 한 번만이라도. 아니, 아플 때만이라도…….

아들, 밥 먹었어?

허필우 작가

오랜 공직 생활 중에도 독서와 글쓰기를 놓지 않았습니다.
1천 권을 읽고 생각을 적다 보니 새로운 세상이 열려
독서법 책을 썼습니다.
저서 출간 예정.

일요일 늦은 오후, TV 리모컨을 자석처럼 손에 찰싹 붙여놓고 채널을 쇼핑하고 있었다. 아들이 독립해 집을 나간 후 넓어진 거실을 어색해하고 있던 때, 슬금슬금 뭔가 코를 간질였다. 처음에는 흙냄새인가 싶다가 풀냄새인 것 같기도 하고 아리송한 기분에 냄새의 출처를 찾아 부엌에서 달그락 소리를 내는 아내 쪽으로 고개를 돌리는 순간, 이번에는 달콤한 향이 풍겨온다.

"흙냄새 안 나?"

"무슨 흙냄새? 이거, 밥 냄새 말하는 거야?"

"아, 밥 냄새구나?"

"깨끗이 씻은 쌀에서 무슨 흙냄새가 난다고 그래? 냄새 좋기만 하고만."

크게 들이마신 밥 냄새에는 분명 흙냄새가 섞여 있었다. 신기했다. 아내는 아니라고 했지만 내게는 분명히 흙냄새가 강했다. 코로나 후유증으로 내 코가 이상해진 건지 고개를 갸웃거리고 있을 때, 휴대전화기에서 알람이 울렸다. 나는 아버지에게 안부 전화 드리는 것을 잊지 않기 위해 알람을 설정해놓았다.

"아버지, 식사하셨어요?"

"응. 니는 밥 먹었나?"

"예, 별일 없으시죠? 몸은 괜찮으세요?"

"개안타. 애들은 잘 있나?"

"예, 잘 있습니다. 식사 잘 챙겨 드십시오!"

시골에 계신 아버지와의 통화 내용은 늘 비슷하다. 식사하셨는지 여쭤보고 식사 잘 챙겨 드시라고 당부한다. 몇 달 전 아버지가 갑자기 편찮으셔서 병원에 입원한 적이 있었는데, 나중에 이야기를 들어보니 밥맛이 없다고 일주일 정도 제대로 식사를 못 하셨다고 했다. 영양 상태가 안 좋아져서 병이 난 것이었다. 내가 세심하게 살피지 못한 탓이다.

입원 소동 이후, 부자지간에 메마른 통화를 할 때마다 나는 유독 밥 이야기에 집착한다. 요즘은 밥맛이 어떤지, 드실 반찬은 있는지, 식사 시간에 맞춰 드시는지……. 휴대전화기에 귀를 바짝 대고 아버지 목소리에 힘이 있는지 청각을 곤두세운다. 나는 아버지의 안녕과 장수가 밥심에 달렸다고 믿는다.

쌀과 함께 싣고 온 부모님의 사랑

 통화를 마치고도 부엌에서 풍겨오는 흙냄새에 왜인지 신혼 시절의 기억이 몽글몽글 피어났다. 부모님을 뵈러 시골집에 가면 어머니께서 차 트렁크가 꽉 차도록 파, 마늘, 감자, 호박, 된장, 간장, 고추장, 참기름을 챙겨주셨다. 나는 계절별로 밭과 들에서 뿌리내린 것, 열매 맺은 것, 시골 장터에서 구할 수 있는 온갖 것을 다 싣고 올라왔다.

 집으로 가져온 농작물 중 하이라이트는 단연 김장철에 싣고 오는 배추와 무, 고춧가루다. 뒷좌석까지 김장재료를 실어야 해서 김장철에는 시골에 아이들을 데리고 가지 않았다. 신혼 초에 구매했던 중고차는 숨을 깔딱거리며 김장재료를 잔뜩 싣고 남해고속도로를 달렸다.

 시골집에 다녀오면 한동안 내 차에 흙냄새가 가득

했다. 싣고 온 농산물의 종류는 달라도 차에는 이끼와 먼지 냄새가 짙게 깔려 머물렀다. 이른 봄부터 어머니와 아버지가 새벽이슬 맞으며 흙을 파고, 갈아엎고 씨앗을 뿌렸다. 욷매를 기계하며 작물에 기꺼이 당신들의 땀을 바쳤다. 시골에 다녀오고도 며칠을 부모님 생각이 떠나지 않았던 기유는 차 안에 남았던 그 무거운 흙냄새 때문이었다.

어느 해, 부모님은 수박을 재배하셨다. 논두렁에 쑥 냄새가 퍼지는 계절에 수박 농사가 시작되었고, 나는 수박이 탱글탱글해지는 늦은 봄쯤 부모님 댁에 들렀다. 농사에 조금이라도 보탬이 되기 위해 비닐하우스에 들어가니 곳곳에 1.8리터짜리 쿨통이 놓여 있는 것이 보였다. '물을 많이 드시나?' 하고 의아했는데, 금세 그 이유를 알게 되었다. 수박을 위해 꾸려놓은 비닐하우스 안은 한증막 같았다. 땀이 비 오듯 쏟아졌고, 물을 가시지 않으니 금방 어지러워졌다. 그날, 차 트렁크에 실린 수박 한 덩이는 세상 어떤 돌덩이보다 무겁게 내 가슴을 짓눌렀다.

 김장철에 가져오는 고추 냄새는 특별했다. 어머니는 구하기 힘들 뿐만 아니라 값도 비싼 '태양초'라고 하셨다. 나도 시골 마당에 넓게 펼쳐진 고추의 바다를 본 적이 있다. '봄 햇살에 며느리 내보내고 가을 햇살에 딸 내보낸다'라고 할 때의 그 '가을 햇살'에 말린 고추다. 기계로 말린 고추보다 더 붉고, 짙고 깊은 향이 난다. 태양초 향은 이탈리아산 페페론치노에서 풍기는 달콤한 고추 향이나 중국의 마라탕에서 느낄 만한 혀를 마비시킬 정도의 치명적인 '매움'과는 다르다. 태양초의 향은 코끝을 때리거나 자극하기보다는 매콤하게 적셔준다.

 어머니께서 돌아가신 지금은 아버지께서 농작물을 챙겨주신다. 요즘은 아버지의 기력이 줄어 농사일 대부분을 그만두셨다. 신혼 때보다 승용차가 커지기도 했지만, 반찬거리는 트렁크의 반도 차지 않을 때가 많다.

가을걷이가 끝나면 아버지는 꼭 쌀 한 포대를 실어주신다. 내가 젊었을 때부터 지금까지 차에 실어 왔던 작물 중 제일 비싸고 요긴한 것은 쌀이었다. 부모님은 다른 살림은 보태주지 못하더라도 쌀은 당신들의 손으로 기른 것을 주고 싶어 하셨다. 자식에 대한 사랑을 쌀자루에 꾹꾹 눌러 담아주셨다. 아파트 한구석에 무심하게 놓인 쌀자루는 세상 무엇과도 바꿀 수 없는 부모님의 사랑이었다. 씻은 쌀에서, 쌀밥에서 흙냄새와 풀냄새를 느낀 것은 어쩌면 시골에서 쌀을 싣고 올라와 그 쌀로 밥을 지어 먹는 순간까지 하나의 사랑으로 느끼고 있기 때문은 아니었을까.

아버지가 미안해서

　지난봄, 아들이 집을 떠났다. 집에서 숙식을 해결하면서 얻는 금전적 이득과 부모에게서 독립하여 얻는 자유

로움, 어느 것이 자신에게 더 큰 행복을 줄지 저울질하며 아들은 일 년을 고민했다. 마침내 집을 떠나겠다고 결심한 아들은 직장 근처 원룸과 오피스텔을 샅샅이 살피며 쉽게 결정하지 못하고 망설이다 겨우 마음에 드는 집을 찾아 계약했다.

 이사 갈 오피스텔을 청소한 다음 날, 아들은 자기 방에서 당장 입을 것과 얇은 이불, 선풍기, 그 외 잡다한 것을 담은 백팩 두 개를 주섬주섬 챙겨서 집을 나섰다. 이사랄 것도 없었다. 나와 아내는 이런저런 당부를 하느라 바빴고, 아들은 문밖에 한 발을 걸쳐놓고 듣는 둥 마는 둥 했다.

"바빠도 밥은 잘 챙겨 먹어야 해."
"알았어."
"무슨 일 있으면 아빠, 엄마에게 연락하고."
"응."

"냉장고에 음식 상할 때까지 두지 말고, 쓰레기는 제때 버려. 빨래는 쌓아 두지 말고."
"갈게."

이내 아들은 사라졌다. 저렇게도 집을 떠나고 싶었을까?

아들은 주소를 옮겼다. 집 떠난 장남의 가출을 축하한답시고 비싼 양곱창을 먹고 오피스텔에서 같이 차를 한 잔 마셨다. 그 뒤로 온 가족이 함께 밥을 먹은 횟수는 손에 꼽을 정도다. 우리 가족은 특별한 일이 있어야 함께 밥을 먹는 사이가 되었다. 같이 살 때 한 끼라도 더 만들어주고, 한 끼라도 더 함께 먹어야 했는데…… 아들이 떠나고 나니 아쉬움이 컸다.

아이들이 한창 먹고 쑥쑥 크는 시기에 나는 얼마나 아이들과 함께 밥을 먹었나? 직장에서 밥그릇 싸움하느라 아이들 밥을 챙기지 못했다. 집에 가득 찬 잘 익은 구수한 밥 냄새를 맡으며, 시골에서 싣고 온 쌀자루를 보며 생각해본다. 내가 부모로부터 받은 사랑을 이제 나도 아들에게, 딸에게 전해줘야 하는데. 나는 여전히 모자라고 부족한 아버지다.

아들은 집을 떠난 후 내게 먼저 전화하지 않는다. 가끔 내가 안부 문자를 하면 답을 받는 정도로 소통한다. 만날 일도 없다. 아들이 집에 반찬을 가지러 올 때는 내가 출근하고 집에 없으니까. 아내는 무소식이 희소식이라면서 궁금해하지 말라고 한다. 쉽지 않은 일이다.

우리 가족은 연말이 되면 새해 첫날 각자 계획했던 버킷리스트의 달성 여부를 함께 확인한다. 올해부터 포상금을 대폭 증액했다. 벌써 9년째 이어온 행사지만 멤버가 한 명 줄었다. 나는 우리가 얼마나 달성했나 버킷리스트를 확인하다가 깜짝 놀랐다. 아들이 농담처럼 이야기한 '독립하기'를 이루었다. 괜히 싱숭생숭한 마음에 휴대전화기를 만지작거리다가 아들에게 문자를 보냈다.

"아들, 잘살고 있어?"
"그럼, 아빠! 잘살고 있지."
"잘 챙겨 먹고, 잠도 모자라지 않게 해."
"알았어. 아빠도 잘 지내지?"
"응, 나도 잘 있어. 아들! 연말에 밥 한번 먹자!"
"시간 내볼게, 아빠."

나는 답장을 보내려다 이내 지워버렸다. 차마 보내기를 누르지 못했다. 아니, 보내고 싶지 않았다.

'아들, 올해 버킷리스트 성공한 것 축하해.'

골목 어귀에서 밥 냄새가 날 때면

심미경 작가

성장을 연구하는 심리상담사입니다.
마음을 치유하고 안정감을 주는 글과
그림을 쓰고 그리며 사는 모습을 늘 상상합니다.
상상은 어제와 다른 오늘을 마주하게 하니까요.
저서 〈엄마의 말투〉〈나는 유치원생 엄마입니다〉

불 꺼진 집

 어렸을 적. 골목 초입 건너에는 작은 구멍가게가 있었다. 구멍가게 옆에 놓여 있는 평상은 어른들이 모여앉아 이런저런 소식들을 이야기하거나 아이들이 앉아 그림도 그리고 딱지치기도 하는, 동네 사람들의 아지트였다. 나와 아이들은 하교 후에 책가방을 집에 툭 던져 놓고 곧장 아지트로 향하곤 했다. 저녁을 준비할 즈음이 되면 어른들은 어느새 집으로 들어가고 평상은 아이들의 차지가 되었다.

 대여섯 명의 아이들이 평상에 걸터앉아 땅에 닿지 않는 발을 흔들다 보면 신발 한 짝이 앞으로 휙 곧잘 날아갔다. 고작 신발 하나 날아간 것만으로도 아이들은 꺄르르 웃고는 누가 먼저랄 것 없이 "야, 우리 신발 던지기 놀이하자!"라고 말했다. 말이 끝나기 무섭게 모든 아이가 평상에 엉덩이를 깊이 넣었다. 평상에 자리를 잡지 못한 아이가 심판이 되었다. 심판이 "준비, 시작!" 하고 외치면 각양각색의 신발이 여기저기 흩어지며 날아갔다. 가장 멀리 신발을 던진 아이는 신이 나 덩실거리다가 신발을 주우러 깨금발로 뛰어가고, 코앞에 신발이 떨어진 아이는 "야, 다시 해. 다시!"라고 외치며 신발을 주우러 간 아이를 평상으로 불러들인다.

 그렇게 신발차기를 몇 번이나 다시, 또다시 하고 있다

보면 골목에서 한 아이가 뛰어나와 자기 집 저녁 반찬이 무어라 자랑했다. "오늘 우리 집은 불고기 먹는다." 그 말을 들은 다른 아이는 질세라 "나는 우리 엄마가 계란찜 해준다고 했어!"라고 말했다. 뛰어와 불고기 반찬을 자랑하던 아이는 골목 입구부터 기억나는 다른 집 음식 냄새를 읊었다. "너희 집은 고등어 굽더라. 된장찌개 냄새나던 데가 어디더라?", '우리 집은 떡볶이인가 봐!' 맛있는 음식을 하나씩 이야기하는 아이들 사이에서 나는 아무 말도 하지 않았다.

"고등어 냄새 맡으러 가자!", "여기, 불고기 냄새난다!" 아이들과 골목을 구석구석 뛰어다녔다. 다만, '무얼 먹어도 좋으니 나도 엄마, 아빠와 저녁밥을 같이 먹고 싶다'고 생각했다.

그렇게 우르르 몰려다니며 놀다 보면 얼마 지나지 않아 이 집 저 집에서 엄마들의 목소리가 들렸다. "누구야, 밥 먹자!" 엄마의 부름에 아이들이 하나둘 집으로 돌아가면 북적이던 골목길에는 터덜터덜 걷는 내 발소리만 남았다. 아니, 골목 가득 맛있는 냄새도 함께 남아 있었다.

골목 어귀에서 밥 냄새가 날 때면 눈을 감고 걸어도 집으로 가는 골목을 알 수 있었다. 생선구이, 불고기, 김치찌개……. 맛있는 냄새를 모두 지나면 아무 냄새도 나지 않는 집이 하나 나왔다. 나는 거기 살았다. 밖에서 일하시는 엄마는 저녁 먹으라고 나를 부르는 일도, 찾으러 나오는 일도 없었다. 불 꺼진 우리 집에선 당연히 밥 짓는 냄새가 나지 않았다.

고동 김치찌개

 평소처럼 엄마가 일 가시고 없던 날, 나는 동네 친구 집에서 놀고 있었다. 저녁 식사 시간이 되었을 즈음, 친구네 엄마가 밥을 지으면서 구수한 밥 냄새가 풍겼다. 으레 친구 집에서 놀다 저녁 먹을 시간이 되면 집으로 돌아가는 것이 예의라고 알고 있었지만, 그날만큼은 왠지 집에 가고 싶지 않았다. 가라고 한다 해도 절대 가고 싶지 않았다. 나도 구수한 냄새를 풍기는 그 따뜻한 밥을 꼭 한 그릇 먹고 싶었다.

 어린 마음에 아무 말도 못 하고 그냥 모른 척 친구랑 놀고 있었다. 그러다 친구 아빠가 내게 와 말씀하셨다.

 "저녁 시간인데 이제 집으로 가야지."

 평소 같으면 "네. 안녕히 계세요." 하고 나왔겠지만, 나는 괜히 우물쭈물하며 뭉그적거렸다. 어떻게 해서든지 버티고 싶었다. 친구 아빠에 이어 친구도 나에게 말했다.

"너 안 가?"
"응. 우리 집에 엄마 아직 안 오셨어."
"그래도 가야 하는 거 아니야?"
"나는 조금 더 놀아도 되는데……."

때마침 친구 엄마가 물으셨다.

"집에 엄마 아직 안 오셨니?"

나는 갑자기 희망이 생긴 것같이 좋아서 주방 쪽으로 얼른 달려가 말했다.

"엄마 늦게 오세요. 저 집에 가도 한참 있어야 엄마 와요."

"그래? 엄마가 그렇게 늦게 오셔? 그럼 밥 먹고 갈래?"
"네!"

밥 먹고 가라는 말이 어찌나 반갑게 들리던지 내성적이고 숫기 없던 나는 낼 수 있는 가장 큰 목소리로 대답했다.

그날 친구네 집 밥상에는 구수한 냄새를 풍기는 하얀 쌀밥과 따뜻한 김치찌개 그리고 오이무침, 깍두기, 시금치나물 등 알록달록한 반찬들이 있었다. 아직도 생생한 그날의 김치찌개에는 상상도 못 한 재료가 들어 있어서 더 특별하고 맛있었다. 바로, 고둥. 나는 처음으로 먹어본 고둥이 들어간 김치찌개 맛에 매료되었다. 식사 자리의 분위기가 친구 아빠를 중심으로 아주 엄숙했던 것 같은데 어린 나는 객식구임에도 눈치 보지 않고 김치찌개 맛에 푹 빠져 밥만 열심히 먹었다. 그런 나를 보고 친구의 아빠는 "밥은 미경이처럼 복스럽게 먹어야지. 야야 밥 더

줘라."고 말씀하셨다. 기분이 참 좋았다.

나는 아직 그날의 김치찌개보다 맛있는 김치찌개를 먹어본 적이 없다. 우리 집에서는 김치찌개를 끓이면 김치와 돼지고기 외에 다른 재료가 들어가지 않았고, 지금껏 살아오면서도 다른 재료가 들어간 김치찌개를 먹어본 일이 거의 없다. 고둥 김치찌개가 뭐라고……. 이게 그냥 김치찌개에 고둥만 넣으면 그 맛이 나지 않을까 싶지만, 절대 그렇지 않았다.

어른이 되어 친구네 엄마가 만들었던 그날의 김치찌개가 그리워서 고둥을 사서 넣어보고 고둥과 비슷한 소라나 전복을 넣어서까지 끓여 봤지만, 그때 그 맛을 낼 수가 없었다. 어쩌면 하얀 쌀밥과 고둥 넣은 김치찌개의 맛보다 그 맛에 더해진 어린 날의 간절함이 없어서 그때 그 맛을 낼 수 없는 것일지도 모르겠다. 그래서 이토록 잊히지 않는 맛이 되어버린 건 아닐까.

어쩌다 햇반

골목 안쪽 집에 살던 우리 가족은 공동주택 같은 아파트로 이사를 하게 되었다. 어느 집에 누가 사는지도 모르는데 뭘 먹는지, 뭘 먹기는 하는지 궁금하지도 않았다. 아파트에서는 압력밥솥의 추가 돌아가는 칫칫칫 치 하는 소리만 가끔 들릴 뿐이었다. 간혹 친구와 함께 친구네 집에서 밥을 먹는 일도 자연히 사라졌다. 밥 냄새 나는 골목도 사라졌다.

어려서부터 맡아온 밥 짓는 냄새가 추억으로 남아서인지 아니면 그저 밥 냄새가 좋아서인지 모르겠지만, 밥을 먹기 전에 맡는 밥 냄새가 참 좋다. 밥 짓는 냄새는 식욕을 돋아줄 뿐만 아니라 온기로 다가와 포근한 느낌이 들게 한다. 언젠가 우리 집이 끼니때마다 밥 짓는 냄새가 나는 집이었으면 하는 바람이 있었다. 그러나 바람은 그저 바람일 뿐 현실은 끼니마다 밥 짓는 냄새를 풍기는 일이 녹록지 않다. 그럼에도 밥 짓는 냄새는 포기할 수 없었고, 이런 나의 마음은 친구와의 대화에도 그대로 비쳤다.

"밥을 아직도 지어 먹는다고? 햇반 먹어, 햇반. 간편하고 맛있고 얼마나 좋으냐?"
"에이, 그래도 그렇지. 밥을 먹기 전에 밥 냄새를 맡아야 더 맛있게 먹을 수 있는데 그걸 왜 포기하냐? 안 돼. 나는 그 냄새를 포기할 수 없어."

친구는 그런 나에게 상자 하나를 내밀었다.

"이 밥솥 너 가져가라. 아마 몇 개월 안 썼을 거야. 70만 원 정도 주고 산 것 같은데, 밥맛은 좋더라. 나는 이제 햇반 사랑하련다."

그냥 봐도 새것 같은 밥솥을 사용하지 않는다며 상자

에 담아 베란다에 넣어 뒀다는 친구 말에 정말 집에서 밥을 하지 않느냐고 다시 물었다. 친구는 벽 쪽에 있는 문을 열고 왼쪽 팔을 주욱 펼쳐 쌓여 있는 햇반을 보여주었다. 창고 같은 작은 공간 속 선반에는 햇반이 마트처럼 진열되어 있었다. 크기도 종류도 다양한 햇반과 간편하게 먹을 수 있는 즉석조리 식품들까지. 정말 마트 한 코너를 옮겨다 놓은 것처럼 정리되어 있었다.

얼마 전까지만 해도 친구는 시어머니와 함께 살다가, 결혼 후 처음으로 분가했다. 분가 후 서로에게 의지하지 않고 편안하게 살아갈 방법을 찾다가 편의점 좋아하는 아들들의 모습에서 아이디어를 얻었다고 했다. 내가 보기에도 너무나 편해 보였다. 옛날 같으면 상상이나 할 수 있는 일일까.

친구네의 햇반 창고를 구경하고, 공짜로 얻은 밥솥을 안고 집으로 돌아오는 길에 반찬거리를 사기 위해 마트에 들렀다. 이것저것 찬거리 몇 가지를 골라 계산대로 옮겨가는 도중에 친구 집에서 봤던 햇반 진열대 풍경이 눈에 아른거렸다. 잠시 머뭇거리다가 할인하는 햇반 한 상자를 샀다.

집으로 돌아와 라면을 넣어두는 장 속에 햇반을 차곡차곡 정리하고는 얻어온 밥솥을 씻고 밥을 지었다. 칫칫치치 돌아가던 압력밥솥의 압력이 빠지면서 구수한 밥 냄새를 뿜을 때 정신이 들었다. '내가 저 햇반을 왜 샀지?' 호기심에 사 들고 왔지만, 밥 짓는 냄새를 맡는 순간 후회했다. '아무리 그래도 밥맛을 자극하는 밥 짓는 냄새는 맡고 밥을 먹어야 더 맛있지. 그리고 저 햇반엔 방부제라던가 뭔가 좋지 않은 것이 들어있을 게 분명 할 텐데……'라는 생각이 들었다. 기껏 사 들고 왔지만, 햇반을 먹을 일은 없을 것 같았다.

며칠이 지나고 아들에게서 전화가 왔다.

"엄마, 밥솥에 밥이 없어. 나 배고픈데…….'

순간 아침이 급하게 나오느라 밥을 해 놓지 않은 것을 알아차렸다. 해결 방법을 찾던 중 장 속에 쌓아 둔 햇반이 생각났다.

"아들, 라면 넣어둔 장에 햇반 있어. 전자레인지에 돌려 먹어."

햇반을 꺼내는 날은 생각보다 빨리 왔다. 어쩔 수 없이 편리함의 도움을 받게 된 후로 햇반은 밥 짓기 귀찮을 때마다 우리 집 밥상 위에 자주 등장하게 되었다.

'이렇게 시대의 변호에 물들고 과거의 것들은 잊히는 거구나' 하며 쓸쓸한 미소를 지어보지만, 솔직히 너무나 편한 건 사실이다.

누군가는 이렇게 말했다.

"아마도 요즘 사람들은 죽어서 땅에 묻히면 썩지 않을 거야. 방부제를 하도 많이 먹어서."

심장이 쿵 내려앉는 이야기이지만, 어쩌면 그럴 수도 있겠다는 생각이 든다. 그래서 그런지 나는 먹고사는 일로 바쁜 날들이 조금이라도 잦아들면 매 끼니때 밥 짓는 냄새를 풍기며 식사를 준비하고 싶었다. 아니, 그러고 싶다. 하지만 그런 날이 오기 전까지 가끔 아주 가끔 햇반의 도움을 받는 것도 괜찮겠다. 전자레인지에 금방 돌려 따뜻한 상태에서도 구수한 밥 냄새는 나지 않아 아쉽지만, 또 혹 들어 있을지 모르는 방부제 때문에 죄책감이 들기는 하지만, 그래도 가끔, 아주 가끔은 괜찮을 것 같다.

가마솥의 꿈

 얼마 전, 남편의 제자 내외가 사는 시골 동네에 괜찮은 집이 하나 나와 있다는 소식을 전해 듣고 시골 동네로 달려갔다. 몇 해 전 들렀던 제자네 집은 그저 빈 땅에 컨테이너 한 동이 있을 뿐이었는데, 다시 가보니 튼실한 주택이 지어져 있었고, 울퉁불퉁한 돌과 흙이 가득하던 토지는 정갈하게 잘 정리되어 새로운 터가 되어 있었다. 너른 평지로 정리된 터가 바라만 봐도 탐이 났다. 전체 토지가 대략 천 평이 넘는다는 말에 저 귀퉁이 200평만 내 땅이어도 행복하겠다는 생각이 들었다.

 건물이 빼곡해 한 치 앞도 보기 어려운 도시에 살면서 언젠가는 꼭 탁 트인 풍경을 즐길 수 있는 시골 땅에 집을 지어 살겠다는 꿈을 가진 나로서는 배가 아플 만큼 제자 내외의 집과 땅이 부러웠다.

비어 있다는 시골집이 궁금한 찰나에 집을 보러 가자는 제자의 뒤를 따라 걸었다. 시골답게 길은 좁았지만, 사람이 살 수 있도록 정리가 잘되어 있었고, 곳곳에 집을 지어 사는 사람들이 있어 골목골목을 돌아 걷는 재미도 쏠쏠했다. 시골집을 찾아가며 문득 아궁이와 가마솥 그리고 굴뚝이 있는 집이었으면 좋겠다고 생각했다.

 차가 겨우 지날 수 있는 좁은 길을 한참 걸어가다 보니 오른쪽에 부잣집 입구에서나 볼 법한 큰 문이 나왔다. 차의 진입을 통제하는 양쪽으로 열리는 문이었다. 그 문을 열고 들어가자 통창이 있는 건물에 나무와 꽃 등으로 잘 가꿔진 정원이 넓게 펼쳐져 있었다. 그냥 보기에도 값이 꽤 나갈 듯한 근사한 집이었다. 만약 계약한다면 손댈 것 없이 그냥 짐을 들고 들어가 바로 살아도 될 것처럼 정돈된 집이었다.

 혹시나 하고 밖에서 가마솥 밥을 지을 만한 옛 정취 담긴 곳이 있나, 그런 공간을 만들어 뒀나 여기저기 둘러봐도 모든 것이 현대적인 느낌으로 가득했다. 시골의 묘미는 어디에서도 찾아볼 수 없는 집이었다. 살기는 편하겠지만 내가 원했던 그런 느낌은 아니었다.

잔뜩 기대했지만, 시골 동네 한 바퀴를 도는 걸로 아쉬움을 달랬다. 집과 집 사이는 좁아도 하늘과 멀리 보이는 산, 논 등이 다 보이는 탁 트인 골목길을 걸었다.

제자의 안내에 따라 걷다 보니 사람이 들어갈 수 없도록 막아둔 스러져가는 허름한 집 한 채가 보였다. 입구에는 자유분방하게 자란 호박잎과 한두 덩이의 호박이 뒹굴고 안쪽으로는 내가 원하던 굴뚝 아래 가마솥과 아궁이가 보였다. 어찌나 반갑던지 나도 모르게 크게 외쳤다.

"저거야! 니가 원하는 게 저런 거야. 보여? 저 가마솥! 나 저기에 밥도 짓고, 닭도 고고, 보쌈도 만들어 먹고 싶어."

 생각만 해도 신이 나서 내 것도 아닌 가마솥에 벌써 밥도 짓고, 맛있는 음식도 만든 것처럼 호들갑을 떨었다. 가마솥에 음식을 하면 불 조절이 어려워도 완성된 밥이나 음식들은 가스레인지나 인덕션으로 만든 것들과는 느낌이 확연히 다르다. 먹음직스러운 가마솥만의 매력이 있고, 이웃들과 함께 나눌 수 있다는 정겨운 맛도 있다. 나는 늘 아궁이와 가마솥에 설레었다.

 그림의 떡처럼 방치된 시골집을 지나 조금 더 걸어가다 보니 굴뚝에서 연기가 피어오르고 밥을 짓는 향이 스멀스멀 내 코를 자극했다. 오랜만에 맡는 시골의 밥 짓는 냄새였다. 괜스레 마음이 따뜻해졌다. 나는 자연스럽게 어렸을 때 살았던 집 부엌을 떠올렸다. 가마솥과 연탄아궁이. 방과 바로 연결된 부엌에는 엄마의 무릎 높이 정도 되는 아궁이가 차가운 시멘트로 만들어져 있었다.

아마도 벽돌을 쌓아 시멘트로 마감한 형태의 아궁이가 아니었을까. 아궁이 옆에는 주방 도구들이 즐비했다. 밥 짓는 냄새를 맡으며 시골길을 걸으니 어느새 어릴 적 살았던 골목 안쪽 집 부엌에 있는 기분이었다.

 시골집 구경은 그냥 그렇게 끝이 났지만 나는 집으로 돌아와 눈을 감고 앞으로 살아갈 집을 상상했다. 골목 안쪽 마당이 넓은 주택. 주방 옆에는 문이 있고, 그 문을 열고 나가면 어릴 적 우리 집과 닮은 부뚜막 부엌이 있는 집. 그 부엌 옆의 또 다른 문을 열고 나가면 커다란 평상. 부엌에서는 달그락달그락 그릇 챙이는 소리가 난다. 투박한 도자기 그릇들에는 알록달록한 반찬들을 먹음직스럽게 담아둘 것이다. 둥그런 은쟁반에 반찬 그릇들을 담아 평상으로 옮겨 식사 준비를 하면, 우리 집 구석구석에서 가마솥에 지은 구수한 밥 냄새가 퍼질 것이다. 그리고 밥이 그리운 누군가에게 마음을 건네야지. 상상만으로도 참으로 따뜻하고 정겹다.

"우리 집에 밥 드시러 오세요."

장지갑을 꺼내며

박인만 작가

아버지와 어머니, 장모님까지
도합 40여 년 간병한 경험을 바탕으로 책을 썼습니다.
어린 시절, 부모님이 쥐여주신 꼬깃한 지폐와
동전 한 닢에 묻어난 사랑을 추억합니다.
저서 〈다시 태어나도 제 부모님이 돼 주실 수 있나요?〉

느린 걸음

"지폐 위에 남아 있는 잉크는 시원하고 상쾌하면서 날카로운 느낌의 시트러스 향을 연출한다."

모 디지털뱅크에서 출시한 '돈의 향(Scent of Money)'이라는 향수 광고 문구가 어째서인지 뇌리어 박혔다. 따지고 보면 돈은 늘 우리 삶에 바짝 붙어 있는데, 돈 냄새가 뭔지 한 번도 깊게 생각해본 적 없다. '돈 냄새'라고 하면 흔히 "그 사람은 돈 냄새를 귀신같이 맡는다."라거나 "돈 좀 벌었다고 돈 냄새를 풀풀 풍기고 다니는군." 같은 식으로나 쓰지, 진짜 돈(종이돈이든 동전이든)의 냄새가 어떤지를 생각해본 사람이 몇이나 될까?

 어렸을 때는 호기심으로 킁킁대며 맡아본 적도 있지만, 무슨 시트러스 향이니 하는 생각은 들지 않았다. 빨간색은 빨간색이고 된장 냄새는 된장 냄새인 것처럼, 돈 냄새는 그냥 돈 냄새일 뿐이지 굳이 더 생각해볼 필요가 없었으니까. 그리고 이제, 돈 냄새는 맡고 싶어도 맡기 힘든 냄새가 됐다.

 세상은 내 느린 걸음으로는 따라가기도 벅찰 만큼 빠르게 변해간다. 팔뚝만 했던 핸드폰이 손바닥만 한 스마트폰에 자리를 내주기까지 20여 년밖에 걸리지 않았다. 돈도 그렇다. 장교 임관 후 받은 첫 월급도, 첫 정규 직장 월급도 모두 종이봉투에 담긴 종이돈으로 받았다. 그러던 것이 어느 날부터인가 통장에 찍힌 여섯 자리 숫자로, 머지않아 일곱 자리 숫자로 바뀌었다. 월급날이면 부모님 드릴 선물이나 아내와 아이들 먹일 통닭을 살 때 빳빳한 종이돈을 꺼냈지만 이제 차갑고 딱딱한 플라스틱 카드를 꺼내 든다. 좀 적응이 되나 싶었더니 몇 년 전부터는 폰 하나면 무슨무슨 '페이'라는 이름으로 척척 결제가 가능해졌고, 지인들끼리도 그 자리에서 바로바로 송금한다.

오랫동안 사람들을 웃고 울게 했던 돈은 디지털 머니와 플라스틱 카드에 밀려 찾아보기도 힘들어졌다. 양복 안주머니에 분신처럼 자리해 있다가 어느 날부터 사라진 내 장지갑은 똑딱 버튼이 달린 아내의 동전 지갑과 함께 서랍에 잠들어 있다. 내 느린 걸음을 비웃듯 저만치 앞서 달려가는 세상에서, 돈은, '물성'을 가진 화폐로서의 돈은 그렇게 우리 삶과 멀어져갔다.

돈에서는 사람 냄새가 난다

 모든 것이 아름답지는 않다. 그러나 사라지고 멀어져가는 것들은 시간이 흐를수록 기억 속에서 점점 아름답거나 그리운 무언가가 된다. '화폐'로서의 돈이, 그 냄새가 멀어지고 나니 어쩐지 그리운 기분마저 든다.

 기억을 가만히 되짚어가다 보면 돈 냄새를 적잖이 맡았던 것 같다. 신기하게도 나이가 들어감에 따라, 언제, 누구에게서 받은 돈이냐에 따라서 냄새가 달랐다.

 부모님과 4남매, 총 여섯 식구가 함께 살았던 어린 시절의 몹시도 추웠던 설날 이른 아침 풍경이 떠오른다. 머리맡에 개어둔 옷을 챙겨 입고 나가보니 명절 아침인데도 아버지께서는 닭 모이를 만드시느라 여념이 없었다. 양계장을 하던 우리 집은 비싼 사료를 살 형편이 되지 않아 집에서 모이를 만들었다. 엿기름을 짜고 남은 옥수수

찌꺼기를 엿밥이라고 하는데, 여기에 여름부터 모아서 바싹 말려둔 아카시아 잎을 잘게 부숴서 뿌리고 어물전에서 가져온 생선 찌꺼기를 팔팔 끓여서 넣고 쑤으면 모이가 된다.

　닭들이 어째서 좋아하는지는 알 수 없지만, 나는 그 지독한 비린내가 싫었다. 심지어 학교에 낼 육성회비가 담긴 봉투에서도 모이 비린내가 났으니, 어린 나이에 싫어할 만도 했다.

　닭들이 설날이라고 해서 모이를 안 뜯을 리는 없으니, 아버지는 명절 준비하랴 모이 만들랴, 오히려 더 분주하셨다. 어깨를 짓누르는 가장으로서의 책임감과 그 무게를 절절히 통감한 후로는, 그토록 싫어했던 그 모이 비린내가 얼마나 고귀한 것인지도 알게 됐다.

　"착하게 살거라."

차례를 지내고 세배를 올리자, 아버지는 짧은 덕담과 함께 백 원짜리 지폐를 주셨다. 아버지의 손끝에서는 흐릿한 모이 냄새가, 받아 든 지폐에서는 생선 비린내가 났다. 바쁘게 아침 일을 마치기가 무섭게 자전거를 끌고 시장 가시던 아버지 뒷모습이 떠올랐다. 우리 4남매의 세뱃돈은 어물전에서 차례상에 올릴 생선을 사고 받으신 거스름돈이었으리라. 아버지의 엄하면서도 인자한 눈빛과 따스한 한마디는 수십 년이 지난 지금까지도 기억 속에서 조금도 흐려지지 않았다.

육성회비나 세뱃돈이 아니더라도 설날과 양계장, 돈 냄새가 합쳐진 기억은 또 있다. 명절이 다가오면 어머니는 내게 항상 같은 심부름을 시키셨다. 알이 굵고 깨끗한 달걀을 골라서 교회와 이웃 어르신들 댁에 가져다드리는 일이었다.

제대로 닦이지 않은 시골길을 자전거로 한 시간이나

달리다 보면 짐칸의 달걀은 몇 개씩이나 깨지기 일쑤였다. 혼이 나지 않을까, 어린 나이에 덜컥 겁이 나기도 했다. 누구도 깨지고 더러워진 달걀판을 받고 싶지는 않을 테니까. 하지만 그 어떤 어르신도, 단 한 번도 나를 혼낸 적이 없다.

"아이고, 매번 수고가 많구나. 고맙다."

어르신들이 오히려 기특하다는 듯 내 머리를 쓰다듬고는 맛있는 것 사 먹으라며 용돈을 쥐어주시는 순간이면, 혼자 마음 졸인 것이 무색해졌다. 그 돈에는 약간의 눅눅함과 은근한 담배 냄새가 섞여 있었다. 그 순간이, 그 냄새가 그토록 포근할 수가 없었다.

광고에서 말한 시트러스 향 같은 것은 맡지 못했지만, 내 기억 속 돈 냄새에는 그보다 향기로운 사람 냄새가 섞여 있었다. 나만 그렇게 느끼는 것인지도 모르지만, 디지

장지갑을 꺼내며   191

털 머니는 편리하기는 해도 온기가 느껴지지 않는다. 사람 냄새를 맡을 수가 없다. 사람과 사람 사이의 관계마저 0과 1, 생존 아니면 아웃이라는 디지털 관계로 치환되는 느낌이랄까. 아들에게 덕담을 건네면서 스마트폰을 꺼내 들고 세뱃돈을 송금하는 모습을 상상하면 가슴이 따스해지기는커녕 낯설고 서늘하기만 하다. 그럴 때면, 설날 아침부터 바쁜 와중에 시장까지 가서 돈을 거슬러오지 않아도 된다는 편리함에 밀려 돈 냄새와 함께 사라진 사람 냄새가 유독 그리워진다.

밥벌이의 고단함과 돈 냄새의 묵직함

제법 머리가 커지고 성인이 되다 보면 돈을 바라보는 시각도, 돈을 대하는 자세도 달라질 수밖에 없다. 돈을 직접 벌기 시작하면, 전쟁터 같은 사회에서 밥벌이의 지겨움과 씨름하다 보면 더욱 그렇다.

나름 '목돈'이라 할 만한 돈을 내 손으로 처음 벌어본 것은 장교로 임관한 후였다. 첫 월급으로 받은 16만5,000원이 담긴 봉투는 묵직했다. 물리적인 무게 때문이 아니라 사회인으로서의 책무가 담겨 있었기 때문이다. 하지만 이런 무게감은 이내 부모님께 선물을 사드릴 수 있다는 기쁨에 밀려 훌훌 날아갔다. 늘 일방적으로 사랑을 베풀어주시던 부모님께 보답할 수 있다는 기쁨은 내 짧은 언어로는 표현할 길이 없을 정도였다. 그 옛날 받았던 백원짜리 종이돈에서 내가 맡았던 따스함과 사랑을, 부모님도 내가 드리는 용돈과 선물에서 느끼셨기를 바라면 욕심일까?

첫 직장에서 받은 월급봉투는 장교 때보다 훨씬 두툼했다. 그만큼 더 묵직했고, 그만큼 커진 책임감에 내 마음도 더 무거웠다. 그러나 그 이상으로 기쁘기도 했다. 부모님께 더 많은 것을 해드릴 수 있었고, 주위에 더 많이 베풀 수 있었으니까. 월급봉투에 밴 나의 땀 냄새가 이웃의 웃음으로 뒤바뀌는 순간은 늘 뿌듯했다. 결혼하기 전까지, 내 노동의 고단함과 땀이 스며든 월급들은 그렇게 주변 사람들과의 추억이 되었다. 지금으로서는 진한 그리움에 가까운 기억이다.

가정을 꾸리고 가장이 된 후로는 돈을 이전만큼 자유롭게 쓸 수는 없었지만, 돈 냄새가 값지기는 매한가지였다. 집에는 나를 믿고 결혼해준 여인이 있고, 무엇보다도 우리 부부의 사랑이 필요한 아이들이 있었다. 아버지로서 아이들에게 해줘야 할 일은 그저 잘 먹이고 키우는 것만이 아니다. 우리네 아버지들이 그러했듯, 보고 배울 뒷모습을 보여주어야 한다. 돈을 바라보는 관점도, 아이들은 부모를 통해 배운다. 돈에 밴 냄새가 어떠한지, 그 냄새를 어떻게 기억할지, 이것들을 얼마나 향기롭게 사용할 것인지를 보여주는 것도 부모의 몫이다.

사실 돈 냄새는 향기로울 필요도, 그럴 이유도 없다.

내가 부모님께 받은 돈에서는 항상 비릿한 냄새가 났다. 그러나 단 한 번도 이를 부끄러워한 적은 없다. 풍족했던 적은 없지만 탐욕으로 물든 풍요보다 정직하고 성실한 소박함이 값지다는 것을, 나는 부모님이 살아내신 삶의 냄새가 짙게 밴 돈에서 배웠다. 그게 바로 내가 나의 아이들에게 가르치고 싶은 돈 냄새다.

고맙습니다, 그 한마디에 담긴 사랑

내게는 50대에 접어들면서 생긴 꿈이 있다. 생전에 1만 시간의 사회봉사를 하는 것. 이제 겨우 1천 시간을 조금 넘겼으니 갈 길이 멀다.

하지만 꼭 몸을 쓰고, 시간을 채워야만 가치 있고 유의미한 봉사는 아님을 나는 이 나이가 되어서야 배웠다. 어째서인지 우리 사회는 돈을 부정한 것, 결코 탐해서는 안 되는 것처럼 여기는 듯하다. 그러나 돈이 꼭 부정하고 더러운 것은 아니다. 어떻게 버느냐 못지않게 누가, 어떻게 쓰느냐에 따라서도 돈의 가치는 달라짐을, 나는 뒤늦게 배웠다. 탐욕스런 사람들이 일순의 쾌락을 위해 불법적으로 사용한 돈은 폴란드 망명정부의 지폐보다도 무가치하게 버려진 것이라면, 누군가에게 사랑을 표현하고 베푸는 데 쓴 돈은 아무리 적더라도 억만금의 가치가 있다.

돈을 싫어한다고, 돈에 관심 없다고 말하는 사람들도 대부분 부자가 되고 싶어 한다. 그 이중성을 꼬집힐 때면, "난 돈 많이 벌면 어려운 사람도 돕고 베풀면서 살 거야."라고 말한다. 하지만 내 이웃이 도움을 필요로 하는 것은, 언제 올지 모를 미래가 아니라 바로 지금이다.

"고맙습니다."

이 한마디 덕분에, 나는 돈이 얼마나 가치 있게 쓰일 수 있는지 알게 됐다.

내가 주말 봉사와 콩사팀 운영위원 활동을 10년 이상 이어오고 있는 동작구의 한 복지관에는 많은 복지사가 있다. 누구보다 성실하고 따뜻하게 이웃 사랑을 실천하는 사람들이다. 그들의 말 한마디, 표정, 작은 몸짓과 행동 하나하나에는 우리 이웃과 불우한 사람들을 향한 사랑이 가득하다.

나는 이들에게 작은 선물을 주고 싶어서 해마다 2명씩을 선정해 '쉼[休] 여행 비용'을 지원해주고 있다. 부모님을 모시고 효도 여행을 다녀오는 사람, 사랑하는 자녀와 함께 시간을 보내고 오는 사람, 혼자서 '멍 때리는' 여행을 하고 오는 사람 등, 여행을 즐기는 방식은 다양하다. 다만 누구와 어디서 어떤 여행을 했건, 여행을 다녀온 분들은 하나같이 진심 어린 표정으로 우리에게 고마움을 표한다. 그 마음을 잘 안다.

"고맙습니다."

바로 그 순간, 나는 돈이 필요한 이유를, 진정한 돈 냄새가 무엇인지를 다시금 깨닫는다.

돈은 이웃 사랑을 실천하는 가장 쉽고도 확실한 방법이다. 돈 냄새는 그런 사랑이 짙게 밴 향기다. 돈 냄새에는 분명 단순히 종이(엄밀히 따지자면 면섬유)와 잉크 냄새를 넘어서는 무언가가 담겨 있다. 그래서인지 "세상 편해졌다."는 말만으로 그런 돈 냄새가 사라져가는 현상을 넘기기에는 뭔지 모를 아쉬움 같은 것이 남는다.

법적인 성년을 넘어 '어른'이라는 이름의 무게를 기꺼

이 짙어질 수 있을 만큼의 나이가 된 지금, 나는 다시 돈을, 돈 냄새를, 그 안에 담긴 사랑을 생각한다. 그 사랑을 실천하는 향기로운 사람이 되고 싶다는 생각을 한다. 마음껏 내 이웃을 사랑하고 마음껏 그 사랑을 표현하고 싶다. 이 한 몸으로 표현할 방법이 부족하다면, 그 사랑을 돈 냄새에 담아서 표현해보려 한다.

꼭 큰 금액을 후원하고 값비싼 물건을 기부해야만 사랑이 표현되는 것은 아니다. 나보다 어려운 후배나 동생, 이웃에게 한 끼 식사비를 건네주는 선배로서의 배려도, 아직 경제력이 없는 아이들에게 책이라도 사 볼 용돈을 쥐여주는 어른으로서의 베풂도, 길에서 마주친 어려운 사람 앞에 놓인 돈 통에 따뜻한 한 끼 밥값을 넣어주는 이웃으로서의 작은 손길도, 모두가 작지만 값진 사랑의 표현이다. 플라스틱 카드나 디지털 머니 송금으로는 하기 힘든, 진짜 '돈' 냄새가 있어야만 할 수 있는 표현 방식이다.

 이런 작은 이웃 사랑 실천을 위해, 나는 오늘 서랍에 오래 묵혀두었던 장지갑을 다시 꺼낸다.